KB185580

# 사우디아라비아

SAUDI ARABIA

세계 문화 여행

# 사우디 아라비아

SAUDI ARABIA

셰릴 오발 지음 | 이주현 옮김

세계의 **풍습과 문화**가
궁금한 이들을 위한
**필수 안내서**

시그마북스
Sigma Books

# 세계 문화 여행 _ 사우디아라비아

**발행일** 2025년 3월 10일 초판 1쇄 발행
**지은이** 셰릴 오발
**옮긴이** 이주현
**발행인** 강학경
**발행처** 시그마북스
**마케팅** 정제용
**에디터** 양수진, 최연정, 최윤정
**디자인** 김문배, 강경희, 정민애

**등록번호** 제10-965호
**주소** 서울특별시 영등포구 양평로 22길 21 선유도코오롱디지털타워 A402호
**전자우편** sigmabooks@spress.co.kr
**홈페이지** http://www.sigmabooks.co.kr
**전화** (02) 2062-5288~9
**팩시밀리** (02) 323-4197
**ISBN** 979-11-6862-336-1 (04900)
978-89-8445-911-3 (세트)

CULTURE SMART! SAUDI ARABIA



* 시그마북스는 (주) 시그마프레스의 단행본 브랜드입니다.

## 사우디아라비아 전도

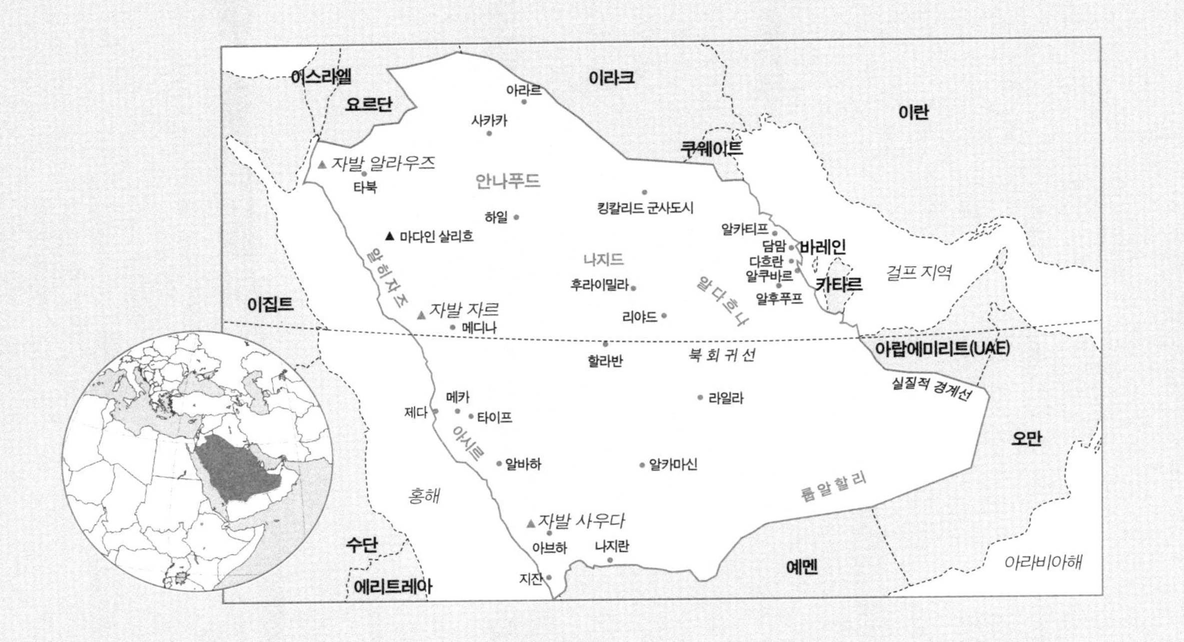

이스라엘
요르단
이라크
이란
쿠웨이트
이집트
수단
에리트레아
홍해
예멘
오만
아라비아해
바레인
카타르
걸프 지역
아랍에미리트(UAE)
실질적 경계선
룹 알 할리
자발 알라우즈
타북
아라르
사카카
안나푸드
하일
마다인 살리흐
알 히자즈
자발 자르
메디나
킹칼리드 군사도시
나지드
후라이밀라
리야드
알 다 흐 나
알카티프
담맘
다흐란
알쿠바르
알후푸프
할라반
북 회 귀 선
라일라
제다
메카
타이프
아시르
알바하
알카마신
자발 사우다
아브하
나지란
지잔

# 차　례

## 들어가며

20년은 물론 10년 전과 비교해도 오늘날의 사우디아라비아는 완전히 다른 모습이다. 과거의 사우디아라비아는 종교 순례자나 일을 위해 방문하는 사람들 외에는 입국조차 제한된, 샤리아법으로 엄격히 통제되는 폐쇄적이고 보수적인 이슬람 국가였다.

2016년, 살만 국왕과 무함마드 빈 살만 알사우드 왕세자가 국가의 미래를 위해 수립한 '비전 2030'이 시작되며 사우디아라비아는 전례 없는 대변혁의 시기를 맞이했다. 단순히 석유 의존도를 낮추기 위한 경제 계획이 아닌, 국가의 모든 생활 영역을 바꿀 만큼 크나큰 변화의 시기를 지나고 있다. 한때 사람들이 모일 만한 공공장소조차 찾기 힘들었던 나라에서 이제는 야외 콘서트, 영화 관람, 스포츠 경기, 산업 박람회가 이루어진다. 주택, 의료, 교육, 교통, 에너지 면에서는 물론 처음으로 외국인 관광객 유치까지 시도하면서 사우디아라비아의 생활 수준은 하루가 다르게 높아지고 있다. 여성의 권리와 사회적 지위 역시 빠르게 변화하는 중이다.

이러한 변화의 속도와 그 영향력은 실로 놀랍다. 청년 세대부터 그 부모 세대까지, 사업가부터 주부까지, 누구와 이야기를 나누든 변화를 말할 때면 모두의 얼굴에 설렘이 가득하다. 이런 긍정적인 분위기가 퍼져나가는 건 아마도 비전 2030의 핵심 가치, 즉 국가의 가장 귀중한 자원은 석유가 아닌 '사람'이라는 점 때문일 것이다. 이 책은 바로 그 사우디의 사람들을 이야기한다.

현재 사우디아라비아 인구의 63%가 30세 미만이라는 사실은 이 나라의 밝은 미래를 보여준다. 젊은 인구와는 대조적으로 이들의 문화는 오랜 세월의 깊이를 간직하고 있다. 사우디아라비아의 역사는 수천 년을 거슬러 올라가며, 7세기 아라비아 중심부에서 시작된 이슬람 문명은 세계를 바꿔놓았다.

1,400여 년이 흐른 지금도 이슬람의 가치와 원칙은 신성하게 여겨지며 사우디 문화의 뿌리로 자리 잡고 있다. 유일신에 대한 믿음과 예배, 자선 정신, 공동체의 중요성, 그리고 모든 무슬림의 필수 의무인 메카 순례 '하지'가 이를 잘 보여준다. 여기에 부족 사회의 전통이 더해져 명예, 환대, 가족과 부족에 대한 충성이라는 가치가 깊이 스며들어 있다.

최근에는 국가와 시민으로서의 정체성이 부족 간의 유대보다 더 중요해졌지만, 사우디 사람들의 복잡한 면모를 이해하려면 이러한 부족 문화의 영향력을 아는 것이 필수적이다. 이 책은 그 모든 이야기를 담아냈다. 사우디의 역사와 문화, 전통과 생활 방식을 이해하려 노력하는 이들은 이 특별한 나라에서 더욱 풍성한 경험을 할 수 있을 것이다.

# 기 본 정 보

| | | |
|---|---|---|
| 공식 명칭 | 사우디아라비아 왕국(알 맘라카 알 아라비야 앗 사우디야) | 아랍 연맹, 걸프 협력 회의 소속 |
| 수도 | 리야드 | |
| 주요 도시 | 제다, 담맘, 알코바르 | |
| 인구 | 약 3,700만 명(이 중 1,340만 명이 외국인) (2024년 기준) | 연간 인구 증가율: 2.52% |
| 인구 구성 | • 사우디인: 58.4% • 외국인: 41.6% | |
| 연령 구조 | • 0~14세: 26% • 15~64세: 71% • 65세 이상: 3% | |
| 면적 | 224만 $km^2$(남한의 약 22배) | |
| 지리 | 중동에 위치, 페르시아만과 홍해에 접해 있으며 예멘의 북쪽에 위치 | 4개 지역으로 구성: 헤자즈, 나지드, 동부 지방, 남부 지방 |
| 지형 | 대부분이 모래사막으로 이루어져 있다. 서해안을 따라 험준한 산맥이 중앙 고원 지대로 이어지며, 동부는 암석 지대나 모래로 된 저지대다. 남부의 광활한 모래사막은 생명체가 살기 힘든 환경이다. | |
| 기후 | 사막성 기후가 특징이며, 낮에는 덥고 밤에는 춥다. 해안 지역은 덥고 습한 날씨를 보인다. | |
| 천연자원 | 석유, 천연가스, 철광석, 금, 구리 | |
| 화폐 | • 사우디 리얄(SAR) • US $1 = SAR 3.75 | |

| | | |
|---|---|---|
| **공식 언어** | 아랍어 | 40세 이하 연령층을 중심으로 영어가 널리 사용되고 있다. |
| **종교** | 수니파 이슬람교, 와하비파 | 종교 지도부인 울라마는 대무프티가 수장을 맡고 있다. |
| **소수 종교** | • 시아파 이슬람교<br>• 외국인 근로자들 사이의 기독교, 힌두교 및 기타 종교 | 이슬람교가 유일한 공식 종교로 유지되고 있다. |
| **정부 형태** | 절대군주제 | • 국왕이 국가 원수이자 내각 수장을 겸임<br>• 자문 기구로 임명직 슈라 위원회(협의회) 운영<br>• 지방 선거 일부 실시 |
| **언론** | 정부의 통제를 받으나, 범아랍권 및 국제 채널에 대한 위성방송과 스트리밍 서비스 이용 가능 | • 아랍어 신문: 알 자지라, 오카즈, 알-와탄<br>• 영어 신문: 아랍 뉴스, 사우디 가제트 |
| **전기** | 230볼트, 60Hz | 건물의 연식에 따라 2구 또는 3구 플러그 사용 |
| **인터넷 도메인** | .sa | 광섬유 브로드밴드와 5G 네트워크가 대부분의 인구 밀집 지역을 커버하고 있다. |
| **통신** | 국가 번호: 966 | 국제전화 시: 00 + 국가 번호 + 전화번호 |
| **시간** | 우리나라보다 6시간 느리다. | |

# 영토와 국민

국가 독립 훨씬 이전부터 사우디아라비아 사람들은 깊이 뿌리박힌 종교적 가치관으로 하나가 되어왔고, 이는 지금도 일상생활 곳곳에 스며들어 문화와 예절에 상당한 영향을 미치고 있다. 이 책을 통해 이슬람의 발상지인 사우디아라비아에서 이슬람의 역사와 영향력을 살펴보고, 오늘날 사회에서도 여전히 핵심적인 역할을 하는 모습을 자세히 들여다보고자 한다.

## 지리

사우디아라비아는 미국 국토의 5분의 1 크기를 자랑하는 광활한 사막 왕국이다. 224만 km$^2$에 달하는 이 땅은 언뜻 비슷한 풍경이 펼쳐지는 듯 단조로워 보이지만 곳곳의 독특한 지형만큼은 보는 이의 마음을 사로잡을 만큼 장관을 이룬다.

홍해의 항구도시 제다에서 남쪽으로 60km를 달리다 보면 난데없이 500m 높이의 가파른 절벽이 하늘을 향해 우뚝 솟아 있다. 이 절벽에서부터 3,300m 높이의 자발 사우다를 중심으로 거친 산맥이 예멘까지 뻗어나가며 장대한 산악 지대를 이룬다.

사우디아라비아의 수도 리야드가 위치한 중앙 고원 나지드에는 비가 올 때만 물이 흐르는 건천을 의미하는 '와디'가 곳곳을 가로지른다. 그리고 이 거친 바위가 가득한 고원을 중심으로 북쪽, 동쪽, 남쪽에서 세 개의 위대한 사막이 에워싼다. 북쪽의 네푸드사막은 해발 1,000m의 고지에서 5만 5,000km$^2$를 장악하고 있다. 최대 90m 높이의 모래 언덕들은 16km 간격으로 깊은 계곡을 만들어내며, 해가 질 때면 모래 속 철광석이 붉은 노을빛을 머금어 황홀한 풍경을 자아낸다. 동쪽으로

타북 지역 히스마 사막의 드넓은 붉은 모래와 조각한 듯한 사암 바위들이 장엄한 풍경을 선사한다.

는 '모래의 강'이라는 애칭으로 불리는 애드 다흐나의 좁은 모래 산맥이 유유히 흐른다.

나지드 남쪽으로는 사막들의 여왕, 룹알할리가 55만 5,000km$^2$에 걸쳐 펼쳐진다. '빈 곳'이라고도 불리는 이 거대한 사막은 높은 곳에는 끝없이 움직이는 모래 언덕들이 춤을 추듯 이어지고, 낮은 곳에는 평평한 모래벌판과 소금 분지가 드넓게 펼쳐진다. 남동쪽 끝자락에는 전설 속 유사(흘러내리는 모래)

동부 지역의 알 아흐사는 세계 최대 대추야자 오아시스이자 유네스코 세계문화유산으로 지정되었다.

가 도사리고 있어 낙타 행렬 전체를 삼켜버렸다는 신비로운 이야기가 전해져 내려온다. 이 광활한 황무지에서는 물도 찾아보기 힘들기 때문에 떠돌이 베두인족과 소수의 강인한 동식물만이 생명을 이어간다.

애드 다흐나 동쪽에 자리한 알 아흐사는 사우디아라비아를 넘어서 세계 최대의 대추야자 오아시스다. 알 호푸프 마을을 포함해 두 개의 오아시스가 인접해 있는 이 비옥한 땅에서 세상에서 가장 달콤한 대추야자가 자란다.

사우디아라비아는 남쪽으로 예멘과 오만의 산맥을, 서쪽으로는 홍해의 푸른 물결을, 북쪽으로는 요르단과 이라크의 광야를, 동쪽으로는 쿠웨이트, 페르시아만, 카타르, 아랍에미리트의 해안을 이웃으로 두고 있다. 걸프 해역에 놓인 다리 너머의 바레인 왕국은 사우디인은 물론 사우디 내 외국인들이 주말에 즐겨 찾는 여행지다.

## 기후

사우디아라비아 대부분은 사막성 기후를 품고 있다. 낮에는 극심한 건조함과 뜨거운 열기가 대지를 달구다가도 밤이 되면 기온이 급격히 떨어진다. 특히 나지드 지역은 기온이 보통 45℃까지 오르며, 때로는 54℃까지 치솟기도 한다. 홍해와 페르시아만의 해안 지역은 또 다른 얼굴을 보여준다. 여름철 기온은 38℃를 넘지 않지만, 습도가 대부분 85%를 웃돌고 때로는 100%에 달해 숨이 막힐 듯한 날씨가 이어진다.

겨울은 짧게 찾아왔다 금세 사라진다. 이 시기에는 해안가에 간간이 비가 내리고, 북부와 남부 지역에서는 아주 드물게 하얀 눈이 잠시 땅을 덮는 진풍경이 펼쳐진다. 수도 리야드 근처에서도 때때로 선물 같은 눈을 만날 수 있다. 남쪽 끝자락의 아시르 지역은 10월부터 3월 사이에 인도양 몬순의 영향으로 독특한 기후를 자랑한다.

강우량은 많지도 않으면서 변덕스럽다. 1년 동안 한두 차례 내리는 폭우가 전부인데, 그마저도 와디를 급하게 채우다가 모래 속으로 순식간에 자취를 감춘다. 대부분 지역의 연간 강수량은 150mm도 되지 않으며, 유일하게 남서부 지역만이 400~600mm 정도의 비를 맞이한다. 어떤 곳은 수년 동안 단 한 방울의 비도 내리지 않는 극단적인 건기를 겪기도 한다.

세계 최대 규모의 지하수층 중 하나인 메가 대수층 시스템은 사우디아라비아와 아라비아반도 국가들의 메마른 사막 지대 아래를 흐르는 고대의 지하수 체계다. 하지만 비가 거의 내리지 않아 물이 보충되지 않으면서 늘 고갈될 위험을 안고 있다. 이러한 이유로 오늘날 사우디아라비아는 해안가에 설치된 대규모 담수화 시설을 통해 대부분의 생활용수와 산업용수를 공급받는다.

## 인구

2024년 기준 사우디아라비아의 인구는 약 3,640만 명으로, 이 중 약 40%에 해당하는 1,340만 명은 외국인이다. 인도, 파키스탄, 이집트, 방글라데시, 예멘, 필리핀, 수단, 네팔, 시리아 출신의 외국인이 많으며, 최근에는 유럽, 북미와 남미, 영국, 호주, 뉴질랜드에서 온 사람도 늘어나고 있다.

흔히 생각하는 것과 달리 사우디인들은 다양한 민족적 배경이 있다. 이 나라에 머물다 보면 마치 만화경을 들여다보듯

특별한 행사가 있을 때면 사우디 남성들은 흰색 토브 위에 금색 장식이 박힌 비시트를 걸친다.

리야드의 여성들은 얼굴을 가리는 니캅과 함께 검은색 아바야를 입는다.
이외에도 핀으로 고정해 얼굴이 완전히 드러나는 히잡이나, 머리를 헐겁게 덮는 샤일라도 흔히 볼 수 있다.

다채로운 외모의 사람들을 만나게 된다. 아프리카, 인도 아대륙, 동아시아, 중동 각지에 뿌리를 둔 사우디인이 많기 때문이다.

과거 사우디인의 복장은 남성은 흰색 긴 로브인 토브, 여성은 검은색 긴 가운인 아바야로 획일적이었다. 하지만 지금은 남성들은 회색이나 짙은 청색의 토브를 입고, 여성들은 다양한 색상의 아바야를 선택한다. 특히 여성들은 더 이상 온몸을 가릴 필요가 없어져, 전통과 현대가 조화를 이룬 다채로운 스타일을 선보인다.

사우디아라비아는 특색이 뚜렷한 4개 지역과 인구로 나뉘며, 지역마다 유목민과 반유목민이 존재한다. 1950년만 해도 전체 인구의 절반 이상이 유목민이었고 부족 정체성이 매우 중요했지만, 현대화와 도시화가 진행되면서 그 의미가 점차 퇴색되고 있다. 현재는 인구의 85%가 도시에 살면서 도시적 생활 방식을 따르고 있어, 전통적인 부족 간의 경계도 점차 희미해지는 추세다.

석유가 집중된 동부 지역에는 이란, 바레인 등 걸프 지역 국가들과 문화적 유대를 가진 시아파 무슬림이 많이 살고 있으며, 인도, 예멘, 아프리카계 주민들도 함께 어우러져 살아간다.

남부의 아시르 지역은 지리적으로나 인구 구성으로나 사우디아라비아보다는 예멘과 더 가깝다. 이곳에는 '꽃의 사람들'이라 불리는 카흐타니 부족이 살고 있는데, 이들은 머리띠에 야생화를 장식하고 향수를 만드는 독특한 문화를 간직하고 있다.

사우디아라비아 중앙에 있는 나지드 지역은 세 구역으로 나뉘어 있다. 20세기 초반까지만 해도 이곳의 도시들은 반독립적인 도시국가 형태였고, 일부는 지배 씨족과 심하게 대립하기도 했다. 1960년대 개발이 시작되기 전까지 나지드는 고립된 지역으로 여겨졌지만, 실제로 이곳 도시들은 걸프 지역과 헤자즈, 아프리카까지 이어지는 다양한 인구 구성을 보였다.

서쪽 해안에 있는 헤자즈는 이슬람의 성지들이 있는 곳으로 역사적으로 오스만 제국의 행정 체계와 깊은 관련이 있었다. 수 세기 동안 메카, 메디나, 제다의 인구는 순례를 왔다가 그대로 정착한 외국 무슬림들의 후손들로 이뤄져 있다.

메카에는 인도와 인도네시아계 공동체가 큰 비중을 차지하고 있으며, 제다에는 페르시아인과 하드라미(예멘의 하드라마우트나 아덴 출신), 아프리카인들과 아랍어권 여러 지역에서 온 사람들이 산다. 제다는 1960년대까지 사우디 최고의 상업 중심지였으며, 헤자즈의 모든 도시에서 상인 가문들은 여전히 강력한 자유주의 엘리트 계층으로 남아 있다.

이처럼 다양한 지리적 배경과 여러 부족 정체성을 지닌 현대 사우디 사람들을 하나로 묶는 것은 무엇일까? 크게 세 가지를 꼽을 수 있다. 바로 이슬람과 가족 가치, 비전 2030이다.

국가 독립 훨씬 이전부터 사우디아라비아 사람들은 깊이 뿌리박힌 종교적 가치관으로 하나가 되어왔고, 이는 지금도 일상생활 곳곳에 스며들어 문화와 예절에 상당한 영향을 미치고 있다. 이 책을 통해 이슬람의 발상지인 사우디아라비아에서 이슬람의 역사와 영향력을 살펴보고, 오늘날 사회에서도 여전히 핵심적인 역할을 하는 모습을 자세히 들여다보고자 한다. 한편 미래를 바라보면, 왕실과 정부가 수립한 비전 2030이 모든 사우디 국민을 공통된 국가적 목표로 이끌고 있다. 이 나라에 사는 모든 이들이 저마다의 방식으로 이 목표를 향해 나아간다. 현지에서 만나는 사람들은 나이를 막론하고 이 주제만 나오면 눈빛부터 달라진다. 대부분 국가 비전과 그로 인한 사회 변화를 이야기할 때면 자부심이 가득하다. 비전 2030에 관해서는 이 장 후반부에서 더 자세히 살펴볼 예정이다.

## 역사

### 【 이슬람 이전 시대 】

먼 옛날 아랍인들은 주로 목축과 무역, 약탈로 생계를 이어갔다. 이런 삶은 기원전 1000년경 남부 아라비아에 문명이 발달하기 전까지 계속되었다. 당시 이 땅에는 크고 작은 왕국들과 도시국가들이 자리 잡고 있었는데, 그중 가장 잘 알려진 곳은 구약성서에도 등장하는 사바 왕국이었다. 로마인들은 예멘의 놀라운 번영을 보고 이곳을 '행복한 아라비아'라고 불렀다. 해안 지역과 대상무역로가 지나는 헤자즈의 몇몇 도시들을 제외하면 척박한 기후와 사막 지형 때문에 농사를 짓기도, 땅에 접근하기도 어려웠다. 내륙 지역 사람들은 오아시스에서 정원을 가꾸고 가축을 치며 살았을 가능성이 크며, 대부분은 유목이나 반유목 생활을 했다.

사막을 건너는 낙타 대상들을 위한 도시들이 곳곳에서 번창했다. 가장 번영한 곳은 지중해와 가까운 요르단의 페트라와 시리아의 팔미라였고, 아라비아반도에도 작은 대상무역 도시들이 들어섰다. 그중 가장 중요한 곳이 메카였다. 일부 아랍인들, 특히 헤자즈 지역 사람들은 여러 신을 믿었고 신들을 숭배하는 의식을 행했다. 그들은 특정 장소와 시기를 신성하게 여겼는데 이런 성스러운 시기가 되면 끊이지 않던 부족 간의 다툼과 전쟁도 멈춰야 했고, 정해진 의식들을 치러야만 했다. 그중 가장 중요한 것이 순례였고, 메카는 가장 유명한 순례지로 자리 잡았다.

이슬람이 등장하기 수 세기 전, 페르시아와 로마라는 두 강대국이 이 지역을 지배했다. 자연스럽게 근방에 거주하던 아랍 부족들은 이 두 제국의 정치적 영향력 아래 들어갔다. 서기

400년 이후, 두 제국은 아랍 부족들에게 금전적 대가를 지불하고 자신들의 남쪽 국경을 지키게 했을 뿐만 아니라 적국의 국경을 침범하게 하는 데도 이용했다. 이슬람이 들어서기 전의 이 시기를 사람들은 '무지의 시대'를 뜻하는 '자힐리야'라고 부른다.

### 【 초기 이슬람 시대 】

이슬람의 시작은 순탄치 않았다. 예언자 무함마드가 정치적 색채가 짙은 종교를 처음 설파하기 시작하자 그의 부족인 쿠라이시족은 크게 반발했다. 이들은 메카를 찾는 순례자들의 이동을 관리하고 카바 신전을 수호하는 자들이었는데, 당시 카바는 이미 다신교의 성스러운 신전이자 순례지였다. 무함마드는 무질서한 혼인 제도와 여성을 재산처럼 취급하는 관행, 원치 않는 자식을 살해하는 풍습을 강하게 비판했다. 여기에 더해 유일신 사상을 주장했는데, 이는 신전으로 몰려드는 순례자들로 인해 발생하는 수익에 위협이 되는 주장이었다.

615년, 무함마드는 자신의 추종자들을 기독교 국가인 에티오피아로 피신시켰다. 자신은 메카에서 포위된 채로 남아 있다가 622년에 메카에서 북쪽으로 320km 떨어진 야트립이라는 도시로 피신했다. 이 이주를 시작으로 이슬람력이 시작되었다. 그는 이 도시의 이름을 '빛나는 도시'라는 뜻의 알마디나 알무나와라로 바꾸었고, 오늘날에는 간단히 메디나로 불린다.

628년에 이르러 무함마드는 충분한 지지를 얻어 메카와 휴전을 맺을 수 있었고, 마침내 630년에는 메카를 정복해 카바 신전에 있던 360개의 우상을 파괴했다. 그는 신전 주변 지역을 비무슬림의 출입이 금지된 '하람(성역)'으로 선포했고, 이 전통은 오늘날까지 이어지고 있다. 632년 무함마드가 세상을 떠날 무렵에는 아라비아의 거의 모든 부족이 그의 충실한 추종자가 되어 있었다.

무함마드의 후계자이자 '정통' 칼리프들의 시초였던 아부 바크르는 무함마드의 전임 서기관이었던 자이드 이븐 타비트를 불러들여 민간에 전해지던 예언자의 계시들을 문서화하도록 지시했다. 이것이 바로 원형 쿠란의 시작이었다. 이후 이 성스러운 경전은 그의 계승자 우마르와 그의 딸에게 전해졌으며, 우마르의 뒤를 이은 우스만 치하에서 동일한 이븐 타비트가 표준화된 '공인' 판본을 완성하기에 이르렀다. 아부 바크르는 생의 마지막 2년 동안 무력으로 아랍 부족들의 충성을 확보했고, 예언자 서거 이후 발발한 이른바 '배교 전쟁'을 통해 아라비아반도 전역에 이슬람을 정착시켰다. 이후 30년간 칼리프들은 메디나를 거점으로 날로 번창하는 이슬람 제국을 통치했다. 배교 전쟁의 종식과 함께 이슬람 아래 단결한 아랍 부족들은 로마 제국과 페르시아 제국으로 그 힘을 투사하기 시작했다. 아랍의 군사력은 양대 제국을 신속하게 제압했고, 전례 없는 속도로 현재의 스페인에서 파키스탄에 이르는 광대한 영토를 장악했다.

그러나 제국의 권력 중심은 머지않아 아라비아를 이탈했고, 이에 따라 아라비아의 영향력은 점차 쇠퇴의 길을 걸었다. 656년 제3대 칼리프 우스만이 암살되면서 무슬림 세계는 수니파와 시아파로 분열되었다. 수니파는 스스로를 '순나의 백성'이라 칭하며 예언자와 그의 추종자들이 보여준 삶의 방식을 충실히 따르고자 했다. 반면 시아파는 제4대 칼리프 알리의 혈통을 통해 영적 권위가 계승된다고 주장했는데 알리는 661년 쿠파에서 피살되기까지 주로 이라크 지역을 기반으로 활동했다.

알리의 죽음 이후, 우마이야 가문은 다마스쿠스에서 칼리프 직을 세습하는 새로운 체제를 수립했다. 이 체제는 750년 아바스 가문이 우마이야 왕조를 무너뜨리고 바그다드에 새 도읍을 세울 때까지 이어졌다. 이슬람의 창시자인 예언자가 태어

### • 예언자 무함마드 •

무함마드는 역사상 가장 비범한 인물 중 하나로 평가받는다. 570년 메카의 지배 부족인 쿠라이시족에서 태어난 그는 문맹인 채로 자랐다. 25살이 되던 해에 자신보다 15살이나 많은 부유한 과부 카디자와 결혼했는데, 카디자는 당시 무함마드의 고용주였을 것으로 추정된다. 유대교와 기독교의 유일신 사상에 매료된 그는 진리를 찾아 동굴로 은거했다. 610년, 그는 가브리엘 천사로부터 신의 계시를 받기 시작했다. 그가 평생에 걸쳐 전한 이 시적인 계시들은 후에 사람들의 기억을 바탕으로 수집되어 '낭송'이라는 뜻을 가진 쿠란이 되었다.

무함마드는 처음에는 자신의 신비로운 체험을 카디자에게만 털어놓다가, 613년부터는 공개적으로 계시를 낭송하기 시작했다. 예상대로 유일신 아래 하나가 되자는 그의 메시지는 메카의 다신교도들에게 격렬한 반발을 샀다. 메디나로 이주한 후 무함마드는 뛰어난 지도력을 증명했다. 첫 부인이 세상을 떠난 뒤에는 주로 결혼을 통해 여러 동맹 관계를 구축했다. 가장 주목할 만한 것은 아이샤와의 결혼이었다. 당시 7살이었던 아이샤는 후에 무함마드가 가장 아끼는 부인이자 가장 큰 영향력을 가진 부인이 되었다. 아이샤는 이슬람 정경의 한 부분을 이루는 예언자의 언행록인 하디스의 중요한 전승자가 되었다.

무함마드는 다신교도들이 이슬람교를 받아들이기를 바랐으나 강제로 개종을 요구하는 경우는 많지 않았다. 그리고 기독교도들과 유대교도들, 이른바 '성서의 백성'들에게는 특별세를 납부하는 조건으로 그들의 신앙생활을 허용했다.

난 지 겨우 200년이 지난 8세기 후반, 이슬람 세계에서 아라비아의 정치적 영향력은 이미 크게 약화한 상태였다.

**【 중세 시대 】**

아라비아반도의 전반적인 영향력은 감소했지만, 메카는 순례지로서 이슬람의 영적 중심지 위치를 계속 지켰다. 반면 정치적 중심은 메디나에 넘어갔다. 예언자가 세상을 떠난 뒤에도 메디나는 중요한 행정 중심지였으며 점차 지적·문학적 중심지로도 성장했다. 특히 7세기와 8세기에는 이슬람법 체계화의 기초가 된 법학 토론의 중요한 거점으로 자리 잡았다.

오늘날의 사우디아라비아는 당시 성격이 전혀 다른 두 지역으로 나뉘었다. 헤자즈 지역은 제국 내에서 가장 강한 세력이 차례로 지배권을 가졌다. 1000년경에는 새 수도 카이로를 근거지로 삼은 이스마일파 파티마 왕조가 이 지역을 다스렸다. 13세기에 들어서는 이집트의 맘루크 술탄들이 헤자즈의 봉건 영주가 되었고, 1517년 터키군이 이집트를 정복하면서 이 지역은 오스만 제국의 영토로 편입되었다. 헤자즈는 끊임없이 드나드는 순례자들 덕분에 국제적인 분위기도 갖추게 되었다.

이와 달리 나지드 지역은 훨씬 고립된 상태였고 제국을 다

| 사우디아라비아의 주요 역사 | |
|---|---|
| 1744년 | 에미르 무함마드 이븐 사우드와 이슬람 개혁가 무함마드 이븐 압둘 와하브 알-타미미가 이슬람 원칙에 따른 국가 설립을 맹세했다. 두 사람은 역할을 나누어 압둘 와하브가 종교를, 이븐 사우드가 정치를 담당하기로 했다. |
| 1818년 | 오스만 제국은 와하브 당국이 헤자즈에서 이라크까지 이단적 종교 행위를 억압하는 것을 우려해 나지드의 사우디 영토를 침공했다. 결국 사우디의 요새 디리야를 점령하고 지도자 압둘라 빈 사우드를 처형했다. |
| 1824년 | 나지드 중심부에 두 번째 사우디 국가가 세워졌고, 1830년에는 리야드를 와하브의 수도로 정했다. 하지만 이 체제는 1891년, 경쟁 세력이던 하일의 와하브 알-라시드 왕조에 의해 무너지고 사우드 가문은 쫓겨났다. |
| 1912년 | 압둘라 빈 사우드의 손자 압둘 아지즈(이븐 사우드)는 쿠웨이트 망명에서 돌아와 군대를 이끌고 나지드의 라시드 왕조 요새들을 정복했다. 이로 현재 사우디아라비아의 기틀이 된 세 번째 사우디 국가가 세워졌다. |
| 1926년 | 이븐 사우드는 영국의 지원을 받아 나지드의 알-라시드(오스만 제국 동맹)와 메카·헤자즈를 통치하던 하심 왕조와 전쟁을 벌였다. 하심 왕조를 물리친 후 그는 헤자즈의 왕이 되었다. |
| 1932년 | 이븐 사우드는 나지드와 헤자즈 지역을 하나로 통합하여 사우디아라비아 왕국의 탄생을 공식적으로 선포했다. |
| 1938년 | 첫 석유가 발견되었다. 이는 중동을 넘어서 전 세계의 경제·정치 지형을 완전히 바꾸어놓은 중대한 사건이었다. |
| 1945년 | 수에즈 운하의 USS 퀸시호에서 이븐 사우드와 루스벨트 미국 대통령의 역사적인 회담이 열렸다. 이 자리에서 미국이 사우디의 방위와 안보를 책임지고, 사우디는 안정적인 석유 공급을 보장하는 협정이 맺어졌다. |
| 1953년 | 이븐 사우드가 서거하고 둘째 아들 사우드가 왕위에 올랐다. 사우드의 형인 투르키 왕자는 1919년에 이미 병으로 사망한 상태였다. |

| | |
|---|---|
| 1964년 | 종교 칙령인 파트와가 내려지면서 사우드는 왕좌에서 물러났다. 그의 자리를 이어받은 동생 파이살은 사우디아라비아의 황금기를 열게 된다. 파이살 왕은 취임 후 국가 전반에 걸친 대대적인 개혁을 시작했다. 경제와 정부 조직을 현대화하고, 사법 제도를 정비했으며, 교육과 보건 시스템을 혁신했다. 또한 기반 시설을 확충하고 군사력도 강화했다. 이러한 파이살 왕의 진보적인 개혁은 사우디아라비아를 크게 발전시켰지만 동시에 보수 세력의 강한 반발을 샀다. 결국 1975년, 국민의 청원을 직접 듣는 자리인 마질리스에서 파이살 왕은 암살당했다. 그의 마지막 뜻에 따라 이복동생 칼리드가 새로운 국왕이 되었다. |
| 1975년 | 칼리드 왕 시대에 사우디아라비아는 국내 통제력을 강화하고 국제 외교 무대에서 영향력을 확대했다. 석유 수입이 급증하면서 국가의 부가 크게 늘었고, 특히 사우디의 주요 석유 생산업체인 아람코에 대한 통제권을 확보하면서 세계 최부국 반열에 올랐다. 칼리드 왕은 1982년에 서거했다. |
| 1982년 | 칼리드의 서거로 그의 이복동생 파흐드가 왕위를 계승했다. 사우디 역사상 가장 긴 25년 동안 통치한 파흐드 왕은 통치 초기부터 세계적인 석유 공급 과잉으로 석유 수입이 20%나 감소하면서 어려움에 직면했다. 이러한 위기에 대응하여 파흐드 왕은 경제 다각화를 과감히 추진했다. 새로운 산업 프로젝트를 개발하고, 해외 기업들과의 합작 투자를 늘렸으며, 첨단 기술 도입을 적극적으로 추진했다. 또한 그는 헌법과 유사한 '기본법'을 제정했다. 이 기본법에 따라 새로운 법안, 국제 협약, 국민 복지 문제 등에 대해 논의하고 권고안을 제시하는 자문 기구인 슈라 위원회를 설립했다. 1995년 뇌졸중으로 한 차례 쓰러진 후에도 파흐드 왕은 이후 10년 동안 통치를 이어갔다. |
| 2005년 | 왕위에 오른 압둘라 왕은 사우디 사회, 특히 여성의 지위 향상을 위한 광범위한 개혁을 시작했다. 그가 통치하는 동안 슈라 위원회의 20%를 여성으로 구성하도록 하는 법안이 제정되었고, 지방 선거에서 여성의 투표권이 합법화되었다. 또한 사우디 국가대표팀 여성 선수들의 올림픽 참가도 허용되었다. 교육 분야에서도 큰 변화가 있었다. 압둘라 왕은 '두 성스러운 사원의 수호자 장학 프로그램'을 도입했고, 이 프로그램을 통해 매년 수천 명의 젊은 사우디 남녀가 해외 유학의 기회를 얻게 되었다. |

스리는 이들의 관심에서도 멀어져 있었다. 지리적 위치가 큰 문제였다. 무슬림 제국이 영토를 넓혀가면서 서쪽에서 오는 순례자들은 사막을 피해 갈 수 있는 더 편한 길을 찾아냈고, 이에 따라 나지드 지역은 더욱 고립되어갔다.

**【 살만 빈 압둘아지즈 알사우드 국왕 】**

2015년, 79세의 나이로 사우디아라비아의 왕위에 오른 살만 국왕은 경제 다각화, 사회 개혁, 지역 외교 정책 수립에서 중요한 역할을 해왔다. 특히 그의 아들인 무함마드 빈 살만 왕세자와 함께 비전 2030을 비롯한 여러 국가 발전 프로젝트를 이끌고 있다.

살만 빈 압둘아지즈 알사우드 국왕

살만 국왕은 국왕이 되기 전인 1963년부터 2011년까지 무려 48년간 리야드 주지사직을 역임했다. 이 기간에 그는 중소 규모 도시였던 리야드를 현대적인 대도시로 변모시키는 데 결정적인 역할을 했다. 그는 서방 지도자들과의 경제·정치적 관계를 공고히 하고, 새로운 대학과 학교, 스포츠 경기장 등 도시 인프라 건설을 적극적으로 추진했다.

살만 국왕은 취임 후 정부 조직을 간소화하여, 11개였던 정부 사무국을 정치·안보 위원회와 경제·개발 위원회 두 개로 통합했다. 이는 행정의 효율성을 크게 높인 개혁으로 평가받고 있다. 그는 적극적인 인도주의적 지원 활동으로도 잘 알려져 있다. 살만 국왕 구호·인도주의 지원 센터를 통해 시리아와 로힝야 난민들에게 대규모 지원을 제공했으며, 다양한 구호 프로젝트를 진행했다. 인권 분야에서도 주목할 만한 변화가 있었다. 또한 통치 기간에 미성년자에 대한 사형 제도가 폐지되는 등 인권 분야에서도 진전이 있었다.

### 【 무함마드 빈 살만 알사우드 왕세자 】

1985년에 태어난 무함마드 빈 살만, 일명 MBS는 현재 사우디아라비아의 왕세자로 총리직도 맡고 있다. 그는 살만 국왕의 일곱 번째 아들이자, 국왕의 세 번째 부인인 파흐다 빈트 팔라 알 히슬라인의 첫째 아들이다.

킹사우드대학에서 법학을 공부한 그는 2007년 각료회의 자문위원으로 임명되며 정계에 입문했다. 2009년에는 당시 리야드 주지사였던 아버지의 자문관이 되었다. 이후 빠르게 승진을 거듭하여 2015년에는 국방부 장관과 부왕세자 직위에 올랐다.

무함마드 빈 살만 알사우드 왕세자(MBS)

MBS는 대중적으로 큰 지지를 받고 있지만, 그의 개혁에 대해 일부 소수는 우려를 표한다. 성직자들의 권한을 제한하고, 대규모 관광을 허용하며, 서구의 주요 음악가와 스포츠 스타들을 초청한 것에 대해 반대하는 이들도 있다. 반면 그가 추진한 반부패 정책과 여성 권리 신장은 광범위한 지지를 받고 있다. 2018년 여성 운전 금지를 해제하고, 종교경찰(무타와)의 권한을 제한했으며, 공공장소에서의 성별 분리를 없앤 것이 대표적이다. MBS는 아버지인 살만 국왕과 함께 사우디아라비아의 혁신적인 발전 계획인 '비전 2030'을 이끌고 있다.

## 정치

사우디아라비아는 절대군주제를 채택한 국가로 사우드 가문 출신의 국왕은 각료회의를 총괄하고 국가의 모든 통치, 법률, 외교 정책에 대한 최종 결정권을 가진다. 국왕을 보좌하는 기구로는 자문 기관인 슈라 위원회가 있으며, 종교적 권위는 이슬람 법학자들의 모임인 울라마가 담당하고 있다.

울라마는 사우디아라비아 건국의 근간이 된 사우디-와하브 협약을 계승하며, 와하브 운동의 창시자 무함마드 이븐 압둘 와합의 직계 후손인 대무프티가 수장을 맡고 있다. 정당 활동은 엄격히 금지되어 있지만, 최근에는 지방 선거 실시 등을 통해 국민들의 정치 참여 기회가 조금씩 확대되는 추세다. 법체계는 이슬람법인 샤리아를 근간으로 하며, 특히 이슬람 4대 법학파 중 하나인 한발리 학파의 해석을 따른다. 전국 각지에 수백 개의 샤리아 법원이 설치되어 있으며, 노동법원 등 특수 분야를 다루는 특별 법원도 왕령으로 설립되어 운영 중이다. 리야드와 메카에는 항소법원이 각각 설치되어 있으며, 최고 울라마 중에서 국왕이 임명한 법무부 장관이 실질적인 대법원장 역할을 한다.

정부 내각인 각료회의는 23명의 부처 장관과 7명의 국무장관으로 구성되어 있다. 모든 각료는 국왕이 칙령을 통해 임명하며, 왕세자는 국왕의 지휘 아래 총리직과 각료회의 의장직을 동시에 수행한다.

## 경제

1930년대 이전까지 사우디아라비아는 자급자족에 의존하는 경제 구조를 가진 국가였다. 하지만 캘리포니아 스탠더드 오일과의 협력으로 거대 유전이 발견되면서 경제 지형이 완전히 달라졌다. 현재 사우디아라비아는 세계 최대 석유 수출국이자 2,665억 배럴에 달하는 세계 2위의 원유 매장량을 자랑한다. 2023년 기준 하루 석유 생산량은 1,036만 배럴로, 2020년 4월 최고치였던 1,200만 배럴에서 다소 줄어든 수준이다. 현재의 생산 속도를 유지한다면 향후 60년 정도는 석유 생산이 가능할 것으로 예측된다. 석유 매장지는 대부분 동부 지방에 집중되어 있는데, 이곳에는 마치 국가 속의 작은 국가처럼 운영되는 거대 국영기업 사우디 아람코가 자리 잡고 있다. 석유 수

담맘 해안 도시 인근의 해상 석유·가스 시추 설비

출은 사우디아라비아의 생명줄과도 같다. 전체 GDP의 46%를 차지할 정도로 중요한 산업이며, 중국, 일본, 한국, 인도, 미국이 이 석유의 최대 소비국들이다. 세계 최대 석유 수출국이라는 지위는 자연스럽게 사우디아라비아에 국제 무대에서 막강한 정치적 영향력을 가져다주었다. 이들이 석유 생산량을 조절하는 것만으로도 우방국과 적대국을 가리지 않고 전 세계 경제의 인플레이션에 직접적인 영향을 미칠 수 있기 때문이다.

석유만큼이나 천연가스 매장량도 풍부하다. 약 8,440조 L

에 달하는 양은 현재 소비 속도를 기준으로 100년 이상 사용할 수 있는 규모다. 여기에 금, 은, 구리, 우라늄 등 다양한 광물 자원도 보유하고 있다. 에너지 산업과 그 연관 산업을 제외한 서비스 부문은 GDP의 약 53%를 차지한다. 농업은 GDP의 3% 정도를 차지하며 대추야자, 밀, 보리, 수수부터 토마토, 수박, 가지, 감자, 오이, 양파까지 다양한 농산물을 아랍에미리트, 예멘, 파키스탄, 수단, 인도 등지로 수출하고 있다.

2023년 기준 전체 노동인구는 약 1,600만 명으로, 이 중 600만 명은 외국인 노동자다. 사우디 자국민의 노동 참여율은 52.5%이며, 실업률은 8%를 기록하고 있다.

국가 재정이 유한한 단일 자원에 지나치게 의존하고 있다는 우려 속에서 사우디아라비아는 미래의 생존과 지속적인 번영을 위한 경제 다각화에 전력을 기울이고 있다. 이러한 노력의 핵심에 바로 비전 2030이 있다.

## **비전** 2030

2016년 살만 국왕과 무함마드 빈 살만 왕세자가 발표한 '사우

타북 지역 북서부에 건설 중인 선형 스마트 도시 '더 라인'. 네옴 기가 프로젝트의 일환으로 자동차와 탄소 배출이 없는 도시를 목표로 한다.

디 비전 2030'은 세 가지 핵심 목표를 담고 있다. 첫째, 석유 의존형 경제를 다각화된 미래지향적 경제로 전환하고 아직 활용되지 않은 최대 자원인 국민의 잠재력을 끌어내는 것, 둘째, 현대적이고 온건한 이슬람 정체성을 기반으로 활기차고 건강하며 풍요로운 사회를 만드는 것, 셋째, 투명성과 효율성, 책임성을 높여 모든 정부와 행정 서비스를 개선하는 것이다. 이러한 목표들은 사우디 사회의 근본적인 변화를 추구하며, 그 영향은 이미 사회 전반에서 나타나고 있다.

【 경제 다각화 】

유한한 석유 자원에 대한 경제 의존도를 낮추기 위한 사우디의 노력은 그 규모와 창의성 면에서 주목할 만하다. 현재 이토록 명확한 미래 비전을 실현하기 위해 전략적 구조 개혁을 진행하는 나라를 찾기 힘들 정도다. 많은 국가가 정권이 바뀔 때마다 전략적 일관성을 유지하는 데 어려움을 겪는 상황에서 사우디의 계획은 미래를 내다보는 탁월한 전략의 표본이라 할 수 있다. 국가의 미래가 이 프로젝트의 성공에 달린 만큼 그 중요성은 아무리 강조해도 지나치지 않다.

비전 2030이 그리는 사우디의 새로운 경제는 어떤 모습일까? 가장 구체적인 예시는 '기가 프로젝트'에서 찾을 수 있다. 대규모 개발 사업들은 다방면으로 경제에 활력을 불어넣는다. 관광과 신재생 에너지 같은 새로운 분야에서 일자리를 만들어내고, 인프라를 확충하며, 기업과 행정의 부패를 근절하고, 과학기술과 문화 분야의 발전을 도모한다. 이러한 총체적인 노력은 새로운 경제 활동을 이끌어내고 해외 투자를 유치하는 데 기여할 것이다.

비전 2030을 대표하는 프로젝트는 바로 5,000억 달러 규모의 미래도시 '네옴'이다. 완공되면 2만 6,500km$^2$에 달하는 규모로 서울시의 44배에 해당하는 어마어마한 크기다. '미래의 땅'이란 수식어가 붙은 네옴은 도시 전체를 재생에너지로만 운영하며, 다양한 서비스와 산업이 어우러진 국제 허브로 성장하는 것을 목표로 삼고 있다. 사우디 국부펀드의 지원을 받는 이 프로젝트를 이끄는 설계자들은 네옴을 가리켜 "새로운 미래의 청사진"이라고 설명한다. 삶과 일이 조화롭게 공존하는 지속 가능한 생태계를 추구하는 네옴의 성공은 곧 전 세계적 성과가 될 것이다. 여기에 더해 레드시 글로벌과 키디야 엔터테인먼트 시티 같은 독특하고 거대한 규모의 관광·엔터테인먼

건설 중인 키디야 엔터테인먼트 시티. 리야드에서 45분 거리에 들어서는 이 기가 프로젝트는 사우디의 '엔터테인먼트 수도'를 표방한다.

트 단지도 기가 프로젝트의 일환으로 개발되고 있다.

### **프로그램** HQ

2021년 2월, 사우디 정부는 '프로그램 HQ'를 발표했다. 이는 사우디 정부와 거래를 원하는 모든 기업이 2024년 1월 1일까지 자사의 지역 본부를 리야드로 이전해야 한다는 내용을 담고 있다.

이 정책의 핵심은 국가 경제에 활력을 불어넣고, 현재 800만 명이 사는 리야드를 중동 지역의 비즈니스 허브로 키우는 데 있다. 이를 위해 정부는 참여 기업에 파격적인 혜택을 제공한다. 50년간 세금을 면제해주고, 외국 기업에 부담이 되는 자국민 의무 고용 정책인 '사우디화'도 10년간 적용하지 않는 등 다양한 인센티브를 내놓고 있다.

### **'사우디화' 정책**

사우디 국적화 계획, 즉 '사우디화'는 외국인 노동자에 대한 의존도를 낮추고 자국민의 노동시장 참여를 늘리기 위한 정책이다. 이를 위해 정부는 공공과 민간 부문 모두에 일정 비율 이상의 사우디 국적자를 고용하도록 하는 할당제를 도입했다. 기

리야드 알 아키크 지역에 자리 잡은 킹 압둘라 금융지구(KAFD)

업들은 또한 사우디 직원들에게 교육과 발전의 기회를 제공해야 하며, 이를 통해 자국 노동력의 기술 향상이라는 국가적 과제에 동참하게 된다. 정부는 전국 각지에 취업 지원 센터를 설립해 현지인들의 취업이나 직업 훈련 프로그램 참여를 돕고 있다. 한편 사우디 국적자를 고용하는 다국적 기업들에는 보조금과 세금 혜택을 주고, 정부 계약 입찰 시 우대하는 등 다양한 혜택을 제공한다. 더불어 소매업이나 접객업 같은 특정 산업 분야에서는 외국인 노동자의 고용 비율을 제한함으로써 현지 인력 채용을 적극 장려하고 있다.

**【사회적 발전】**

비전 2030은 경제 발전뿐만 아니라 의료, 교육, 인프라, 주택, 스포츠, 엔터테인먼트 분야에의 대규모 투자를 통해 사우디 시민들의 삶의 질을 개선하는 것을 목표로 하는 계획들을 담고 있다.

비전 2030은 정부와 행정 서비스의 효율성과 효과를 높이는 데 중점을 두고 있다. 여기에는 불필요한 규제를 없애고, 업무를 간소화하기 위한 새로운 기술을 도입하며, 투명성을 강화하는 내용이 포함된다. 최근 몇 년 동안에는 부패 척결을 위한 대대적인 단속도 진행되었다. 이를 위해 사우디 정부는 '나자하'라는 감독·반부패청을 설립했고, 이 기관은 정부와 민간 부문의 부패를 신고할 수 있는 핫라인과 신고 시스템을 운영하고 있다.

인프라에 투자하고, 노동력을 키우며, 부패를 뿌리 뽑고, 거주민들과 시민들 삶의 질을 개선함으로써 비전의 핵심 목표인 해외 투자를 위한 매력적이고 경쟁력 있는 환경을 만들고자 한다.

최근 몇 년 동안 일어난 변화는 정말 놀라울 정도다. 젊은 사우디인들은 그들의 부모 세대가 경험했던 것과는 전혀 다른 사회에서 자라나고 있다. 이런 변화를 가장 실감하는 사람들은 바로 사우디에서 살고 있는 외국인들이다. 현재 이곳에서 일하는 외국인들이나, 과거에 살다가 최근에 다시 돌아온 사람들에게 물어보면 한결같이 비슷한 말을 한다. "모든 것이 변했고, 그것도 더 좋은 방향으로 변했다."

**【 사회적 변화 】**

한때 외부 세계와 담을 쌓고 굉장히 폐쇄적이었던 나라가 비전 2030을 통해 완전히 새로운 모습으로 탈바꿈하고 있다. 이 계획에 따라 진행되는 사회적 변화를 이해하지 않고서는 비전 2030이 계획하는 변화의 전체 그림을 제대로 그릴 수 없다. 특히 국제 사회가 가장 주목하는 변화는 사우디 여성들의 삶이다. 여성들의 운전이 허용되고, 교육과 취업 기회가 늘어났으며, 의료 서비스가 개선되고 여성의 권리가 확대된 것이 이러한 변화의 핵심이다.

정부는 여성의 사회 참여를 늘려야 한다는 필요성을 인식하고 다양한 정책과 계획을 도입했다. 2018년 6월 24일부터 시행된 여성 운전 허용이 대표적인 예다. 또한 정부는 공공과 민간 부문 모두에서 여성의 일자리를 늘리기 위한 정책들을 도입했고, 2030년까지 전체 노동인구 중 여성 비율을 22%에서 30%로 높이는 것을 목표로 잡았다.

이를 위해 다양한 교육과 발전 프로그램이 시작되었고, 민간 기업들은 여성들이 일과 가정의 균형을 맞출 수 있도록 유연근무제를 도입하도록 권장받고 있다.

처음으로 극장과 영화관이 문을 열고, 음악과 예술 축제가 열리면서 사우디의 문화 지형에 새로운 활기가 돌고 있다. 이전에는 상상도 할 수 없었던 방식으로 사회 구성원들이 하나로 어우러지는 생동감 넘치는 문화 현장이 만들어지고 있다 (자세한 내용은 6장 참조).

고대 오아시스 도시 알-울라(메디나주)에 있는 거울 형태의 마라야 콘서트홀

사우디아라비아는 국민의 신체적 건강 증진을 위해 스포츠와 여가 운동 발전에 힘쓰고 있다. 평균 기온이 40℃에 달하고 전통적으로 운동을 즐기지 않았던 나라에서 이는 절대 쉽지 않은 도전이다. 국민의 스포츠 참여를 독려하기 위해 최첨단 시설들이 건설되었는데, 이는 운동을 위한 공간을 제공할 뿐 아니라 국내외 대회를 유치하기 위함이기도 하다. 이러한 노력은 국민적 자부심을 고취하고, 활동적인 생활 방식을 장려하며, 지역 스포츠 인재를 육성하는 데 기여하고 있다.

비전 2030의 일환으로 사우디는 의료 시설을 현대화하고, 교육의 질을 높이며, 저렴한 주택을 개발하고, 사회 지원 프로그램을 도입하여 국민 삶의 질과 만족도를 높이고자 한다.

**무타와**

과거에는 이슬람 전통과 샤리아법이 종교경찰을 의미하는 무타와에 의해 엄격히 집행되었다. 2016년 이전까지만 해도 여성들은 공공장소에서 반드시 머리를 가려야 했고 무타와는 머리를 가리지 않은 여성들에게 다가가 머리를 가리도록 지시했다. 또한 모든 사우디 여성은 남성, 즉 보통 아버지나 남편이나 형제 또는 가까운 남성 친척인 보호자(왈리)와 함께 외출해야만

했다. 수 세기 동안 사우디아라비아에서 이어져온 이 관습은 미혼 여성이 다른 가문의 남성들과 어울리는 것이 가문의 명예를 실추시킨다는 인식에서 비롯되었다. 2019년 보호자 법이 일부 개정되어 현재는 21세 미만 여성에게만 적용된다. 개정 전에는 무타와가 커플이나 혼성 일행에게 다가가 그들의 관계를 묻고 동행 이유를 확인하곤 했다. 이들은 종종 결혼 증명서나 친족 관계 증명서를 요구했고, 이를 입증하지 못하면 처벌이 따르곤 했다.

현재 무타와는 단속 기관에서 자문 및 교육 기관의 역할을 담당한다. 더 이상 공공장소에서의 단속 임무는 없으며, 대신 비전 2030이 지향하는 포용적이고 상호 존중하는 사회 구현이라는 큰 틀에 맞춰 조언과 안내를 제공하는 역할을 하고 있다.

# 02

# 가치관과 사고방식

사우디 사람들은 자신들의 문화를 잘 모르는 외국인들에게 너그러운 편이지만 보수적인 사회인 만큼 현지 관습을 미리 알아두면 좋다. 특히 실수로 누군가의 기분을 상하게 하지 않으려면 더욱 그렇다. 이런 관습들이 왜 있는지, 어떻게 지켜야 하는지를 이해하면 사우디 사람들과 더 깊이 있는 관계를 맺을 수 있을 것이다.

وإياك نستعين
إياك نعبد

## 이슬람

사우디아라비아와 이슬람은 떼려야 떼놓을 수 없다. 이슬람은 사람들의 삶에서 가장 중요한 핵심 가치일 뿐만 아니라 일상을 형성하는 근간이다. 공적 토론에서부터 예술, 건축에 이르기까지 사우디아라비아의 모든 것이 이슬람을 중심으로 움직인다.

사우디아라비아 서부의 헤자즈 지역에는 예언자 무함마드의 탄생지인 메카와 그 자매 도시 메디나가 있다. 이 두 도시는 매년 수많은 순례자가 찾는 하지의 성지다. 이슬람교의 이 두 성지를 품고 있는 사우디아라비아는 이슬람의 요람이자 이 성스러운 장소들의 자랑스러운 수호자로서 그 역할을 다하고 있다.

안타깝게도 외국인, 특히 서방 국가 외국인 중에는 세계에서 두 번째로 큰 종교인 이슬람을 극단주의자들의 테러 뉴스로만 접하다 보니 두려움을 가지는 경우가 많다. 하지만 사우디아라비아를 직접 방문하면 살아 있는 이슬람 문화를 경험하면서 이슬람을 더 깊이 이해할 수 있다. 이슬람이 얼마나 환대와 환영의 정신을 중요시하는지, 삶에 대해 어떤 가치관을 따르고 있는지 그리고 우주에서 인간의 위치에 대해 어떻게 생각하는지 등을 직접 느낄 수 있을 것이다.

실제로 세계의 무슬림 대부분은 극단주의에 반대한다. 이슬람교는 아브라함계 종교(기독교, 유대교와 함께) 중 가장 늦게 탄생했는데, 흥미롭게도 앞선 두 종교와 많은 이야기와 인물들을 공유한다. 기독교인들이나 유대교인들이 쿠란을 읽다 보면 익숙한 이야기들을 많이 발견할 수 있는 것도 이 때문이다.

어느 나라에서든 현지 문화를 존중할 때 진정한 만남과 교류가 가능해진다. 사우디아라비아도 마찬가지다. 물론 사우디 사람들은 자신들의 문화를 잘 모르는 외국인들에게 너그러운 편이지만 보수적인 사회인 만큼 현지 관습을 미리 알아두면 좋다. 특히 실수로 누군가의 기분을 상하게 하지 않으려면 더욱 그렇다. 이런 관습들이 왜 있는지, 어떻게 지켜야 하는지를 이해하면 사우디 사람들과 더 깊이 있는 관계를 맺을 수 있을 것이다.

**【 이슬람의 5대 기둥 】**

이슬람의 5대 기둥은 예언자 무함마드 시대로 거슬러 올라가는 깊은 역사적·문화적 배경을 가지고 있다. 이는 무슬림 신

이슬람의 두 번째 성지인 메디나의 알마스지드 안 나바위 모스크에 모여 기도를 드리는 신도들

앙의 핵심 요소로 여겨지며, 종교에 대한 무슬림의 헌신과 의지를 보여주는 증거이기도 하다. 5대 기둥은 무슬림이 신앙을 실천할 수 있는 틀을 제공하며 전 세계 수백만 사람들에게 영감과 지침이 되고 있다.

이슬람의 첫 번째 기둥인 샤하닷은 무슬림이 되기 위해 반드시 해야 하는 신앙 선언으로 "알라 외에는 신이 없으며, 무함마드는 그의 예언자"라는 간단한 문장이다. 이 선언은 무슬림 신앙의 기초로 여겨지며, 무슬림은 하루 동안 여러 번 이를 암송한다.

두 번째 기둥은 살라, 즉 기도다. 무슬림들은 메카를 향해 하루 다섯 번 기도해야 한다. 정해진 시간에 하는 이 기도는 알라에 대한 복종을 나타내고 자신의 신앙을 상기시키는 역할을 한다.

사우디아라비아에서는 하루 다섯 번 모스크에서 기도 소리가 울려 퍼진다. 그리고 기도 시간이 되면 사람들이 도보 또는 차량을 이용해 가까운 모스크를 찾으면서 거리는 한층 분주해진다. 때로는 거리에서 바로 기도를 드리기도 하고, 운전 중이던 사람들은 길가에 차를 세우고 모래 위에 기도 매트를 펼쳐 메카를 향해 기도를 올리기도 한다. 사우디아라비아에서 일하게 된다면 이런 기도 시간을 고려해 일정을 잡아야 한다. 기도 시간에는 회의나 다른 약속을 잡지 않는 것이 좋고, 어쩔 수 없이 일정이 겹친다면 기도할 수 있는 휴식 시간을 반드시 포함해야 한다. 기도 시간은 매일 조금씩 바뀌기 때문에 스마트폰의 기도 시간 앱을 활용하면 편리하게 확인할 수 있다.

기도 시간이 되면 대부분의 상점과 정부 기관이 문을 닫는다. 사람들은 하던 일을 멈추고 기도를 드린다. 다만 업무 상황에 따라 정해진 시간보다 조금 일찍 혹은 늦게 기도를 드리는 등 어느 정도 융통성 있게 운영되기도 한다.

세 번째 기둥은 자카트, 즉 자선이다. 무슬림은 연민과 관용을 보여주는 방법으로 자기 재산 중 일부를 어려운 사람들에게 나눠주어야 한다. 이러한 나눔은 무슬림 신앙의 중요한 부분으로 여겨지며 자신의 재산을 정화하고 알라의 축복을 받는 방법으로 인식된다.

네 번째 기둥은 사움으로 라마단 성월 동안의 금식이다. 이 기간에 무슬림은 알라에 대한 헌신을 보여주고 어려운 사람들의 고통을 되새기기 위해 새벽 파즈르 기도 시간부터 해 질 녘까지 음식과 음료를 절제한다. 매일 저녁 금식은 이프타르라고 불리는 식사로 끝나며, 이때 주로 친구나 가족들과 함께 식사한다.

다섯 번째이자 마지막 기둥은 하지, 즉 메카 순례다. 육체적으로나 경제적으로 여유가 있는 무슬림들은 일생에 최소 한 번은 메카 순례를 해야 한다. 하지는 무슬림들이 신앙과 종교의 역사를 하나로 잇는 상징적인 여정이다.

**【잠잠수】**

잠잠수는 메카에 있는 이슬람의 성스러운 수원이다. 수천 년 전, 이브라힘(아브라함)의 아내 하갈과 그들의 아들 이스마일(이

구리 주전자에 담긴 잠잠수를 붓는 모습

스마엘)이 사막에서 물을 찾고 있을 때 처음 발견되었다고 전해진다. 한 설화에 따르면 하갈이 물을 찾아 사파와 마르와 언덕 사이를 7번 왕복했을 때 가브리엘(지브라일) 천사가 나타나 수원을 알려주었고, 다른 설화에서는 어린 이스마일이 발로 땅을 치자 잠잠수가 솟아났다고 한다.

무슬림에게 특별한 의미를 지닌 잠잠수는 알라의 축복으로 여겨진다. 치유의 능력이 있다고 믿어져 음용수는 물론 요리와 세정에도 사용된다. 많은 사람이 잠잠수를 마시면 영적·육체적 이로움을 얻을 수 있다고 믿으며 하지와 우므라 순례를 위해 메카를 찾는 순례자들이 특히 이 물을 찾는다.

이슬람 전통에는 잠잠수에 관한 많은 이야기와 전설이 전해져온다. 일부 신자들은 이 물을 마신 후 기적 같은 경험을 했다고 전하기도 할 만큼 현대 과학으로도 이 물의 특별한 성질을 완전히 이해하지 못한다고 알려져 있다.

## 종교와 국가

사우디아라비아의 국교는 이슬람이지만 신도들은 저마다의

해석과 전통에 따라 매우 다양한 방식으로 신앙생활을 한다. 이 중에서도 사우디아라비아를 대표하는 이슬람 분파는 와하비즘이라 불리는 수니파의 한 전통으로 국가 이념의 바탕을 이룬다. 와하비즘이란 이름은 18세기 사우디 나지드 지역 출신의 종교 개혁가 무함마드 이븐 압둘 와합(1703~1792)에게서 비롯되었다. 그는 사우드 왕가와 권력 공유 동맹을 맺었고, 이 동맹 관계는 오늘날까지 이어지고 있다.

와하비즘에서 가장 중요한 것은 '단순함'이다. 이는 신앙의 기본을 지키고 알라와 순수한 관계를 유지하는 데 핵심 가치다. 와하비 신도들의 신념 체계부터 예배 방식, 일상생활에 이르기까지 이러한 단순함을 추구하는 특징이 잘 드러난다.

와하비즘의 또 다른 대표적인 특징 중 하나는 엄격한 남녀 분리 정책이었다. 특히 나지드 지역과 수도 리야드에서 이는 철저하게 지켜졌다. 최근에는 이런 규제가 많이 완화되었으나 여전히 공항이나 관공서에는 남녀 구분 줄이 있고, 식당과 카페에도 남녀 구분 좌석이 마련되어 있다.

와하비즘은 또한 타우히드라고 불리는 신의 유일성을 강조하며, 무함마드를 신의 마지막 예언자로 믿는다.

사우디아라비아 인구의 약 10~15%는 시아파다. 종파 문제가 민감한 사안인 데다 공식 통계도 부족해 정확한 수치는 알기 어렵다.

중동의 정세는 수니파와 시아파의 갈등에 크게 영향을 받는다. 특히 수니파의 대표국 사우디아라비아와 시아파의 대표국 이란 사이의 긴장 관계는 사우디 내 시아파 주민들의 삶에도 영향을 미쳐왔다. 사우디는 이란을 단순한 경쟁국이 아닌 혁명 이후 급진적인 아야톨라 체제로 인한 실존적 위협으로 간주한다. 하지만 최근 사우디 정부는 시아파 소수자들의 처우 개선을 위해 여러 노력을 기울이고 있다. 정치적 대표성을 높이고, 교육과 취업 기회를 확대하며, 종교로 인한 차별을 줄이기 위한 구체적인 정책들이 시행되고 있다.

사우디아라비아는 이슬람법인 샤리아를 기반으로 통치되는 나라다. 하지만 최근에는 법체계를 현대화하고 사회를 발전시키기 위한 다양한 개혁이 이뤄지고 있다. 이 나라의 역사는 두 개의 핵심 권력이 만들어내는 미묘한 균형 속에서 발전해왔다. 한쪽에는 국가의 정치와 경제를 이끌어가는 왕실이 있다. 왕가의 여러 가문 중에는 자유주의적 성향의 고학력 엘리트들도 많다. 다른 한쪽에는 엄격한 이념을 고수하는 종교위원회인 와하비 울레마가 있다. 이 두 축 사이의 권력관계는 시간이 흐르면서 조금씩 변화해왔으며 현 무함마드 빈 살만(MBS) 체제에서는 울레마의 영향력이 더욱 줄어든 모습이다.

최근 가장 주목받는 변화는 여성의 권리 확대, 특히 그중에서도 남성 후견인 제도와 관련된 개혁이다. 이제 사우디 여성은 남성 후견인의 허락 없이도 여행을 가거나, 여권을 만들거나, 정부 서비스를 이용할 수 있다. 자동차를 직접 운전하는 것을 포함해 혼자서도 자유롭게 외출할 수 있게 된 것이다. 서구에서는 이런 권리들이 당연하게 여겨질 수 있다. 하지만 사우디의 역사를 보면 이런 변화들이 매우 짧은 시간 안에 이뤄졌다는 점이 상당히 놀랍다. 독립 이전은 물론 독립 이후에도 오랫동안 이어져온 관습들이 최근 몇 년 사이 크게 바뀐 것이기 때문이다.

사법 제도도 크게 바뀌고 있다. 2020년에는 채찍질 형벌이 완전히 폐지되었고 징역, 벌금, 사회봉사 같은 현대적인 처벌 방식이 도입되었다. 2018년에는 성희롱을 범죄로 규정하는 법이 새로 만들어져 피해자들을 보호하고 구제할 수 있는 법적 근거도 마련되었다.

최근 결혼 관련 법도 변화를 겪고 있다. 결혼 과정을 투명하게 만들고 여성의 권리를 보호하며 강제 결혼이나 불공정한 결혼을 방지하고자 표준화된 결혼 계약서가 도입되어 결혼 절차가 더 체계적으로 관리되기 시작했다. 결혼 가능 연령도 남녀 모두 18세로 높아졌다(다만 특별한 경우 판사의 허가로 예외가 인정될 수 있다). 또한 이혼, 양육권, 상속과 같은 가족 문제를 전문적으로 다루는 가정법원도 새로 문을 열었다.

사우디아라비아에서 여전히 술은 금지되어 있다. 그리고 이슬람법에 따라 남성은 최대 네 명의 아내를 둘 수 있다. 단, 모든 아내를 경제적으로 부양할 수 있어야 한다. 하지만 실제로는 여러 아내를 두는 경우가 매우 드물고, 대부분의 남성은 한 명의 배우자와 살아간다.

살인, 동성애, 주술 등 특정 범죄에 대해서는 아직도 공개 참수형이 선고된다. 다만 살인의 경우에는 피해자 가족에게 디야라는 배상금을 지불하면 사형을 면할 수 있다. 공개 처형의 횟수는 최근 크게 줄어들어 2016년 154건이었던 것이 2021년에는 27건으로 감소했다. 참고로 같은 해 미국에서는 17명이 처형되었다.

사우디아라비아에서는 공식적으로 이슬람 외의 종교 활동이 허용되지 않는다. 하지만 최근 들어 종교적 관용과 종교 간 대화를 위한 움직임이 조금씩 나타나고 있다. 여러 국제회의가 열려 다양한 종교 공동체 간의 이해와 평화로운 공존을 모색하고 있다. 2008년에는 메카의 이슬람 세계 연맹이 주최한 '세계 종교 간 대화 회의'가 마드리드에서 열렸다. 이 자리에는 전 세계에서 온 200명의 대표가 참석해 이슬람, 기독교, 유대교, 불교 등 다양한 종교의 목소리를 나눴다. 2012년에는 오스트리아, 스페인, 바티칸과 함께 비엔나에 '압둘라 빈 압둘아지즈 국제 종교 간 대화 센터(KAICIID)'가 설립되었다. 이처럼 다양한 노력을 통해 종교 간의 평화로운 대화 기회가 늘어나고 있다.

무엇보다 종교에 관한 열린 대화를 통해 국제 사회와 소통하려는 의지가 드러난다. 특히 각 종교의 차이점보다는 공통점에 주목하면서 서로 다른 신앙을 가진 사람들이 어떻게 서로를 존중하고 조화롭게 살아갈 수 있는지에 초점을 맞추고 있다. 사우디아라비아는 자국 내에서도 점차 더 온건하고 포용적인 모습으로 변화하고 있다. 극단주의 퇴치를 위해 노력하는 한편 자국에 거주하는 비무슬림의 권리도 보호하기 위해 여러 조치를 취하고 있다. 특히 외국인 전용 단지나 외교 구역에서는 비무슬림도 개인적으로 종교 활동을 할 수 있도록 허용하고 있다.

하지만 여전히 이슬람 외의 종교를 공개적으로 실천하는 것은 공식적으로 금지되어 있다는 사실을 잊어서는 안 된다. 비무슬림 예배 장소를 짓는 것은 허용되지 않으며, 성경이나 종교적 상징물 같은 비무슬림 종교 물품을 공공장소에 전시하는 것도 금지되어 있다.

사우디아라비아를 방문하거나 그곳에서 생활할 때는 자신의 신념, 관습, 전통, 종교나 사상과 관련된 활동을 모두 사적인 영역에서만 해야 한다. 종교 활동을 공개적으로 하거나 다른 사람을 개종시키려 하지 않는 한 법적인 문제는 없다. 집 안에서 하는 개인적인 종교 활동은 자유롭게 할 수 있으며 공개적으로 드러나지 않는 한 안전하게 종교 생활을 이어갈 수 있다. 다만 종교 관련 조치는 계속 변화하기 때문에 사우디아라비아의 종교 활동과 관련 규정에 대한 가장 정확한 최신 정보는 공식 기관이나 신뢰할 수 있는 언론 매체를 통해 확인하는 것이 좋다.

## **부족의** 전통과 현대화

사우디아라비아는 오랫동안 깊은 충성심과 소속감, 보호 관계로 엮인 부족 사회였다. 현대적이고 국제적인 도시 사회로 변모하면서 부족의 영향력이 점차 줄어들고는 있지만 이러한 부족 문화의 의미와 영향력을 이해하는 것은 여전히 중요하다. 전통적인 사우디 사회에서 충성 관계는 동심원의 형태를 띠고 있었다. 가장 안쪽에는 가족이 있고, 그다음으로 부족, 친구, 국가, 무슬림 공동체(움마) 그리고 마지막으로 그 외의 모든 관계가 있었다. 이런 충성 관계는 흔히 계약이나 정치적 소속보다 더 중요하게 여겨졌으며, 지금도 어느 정도는 이런 경향이 남아 있다. 하지만 급속히 성장하는 도시에 사는 사우디 사람들의 생활 방식은 변화하고 있다. 엄격했던 부족 중심의 관계에서 점차 벗어나 지역이나 계급을 중심으로 한 새로운 사회관계가 형성되고 있다. 이들에게 부족은 여전히 자부심의 원천이고 때로는 실제적인 도움이 되기도 하지만 과거만큼 절대적인 영향력을 갖지는 않는다.

사우디아라비아의 부족은 아라비아반도 곳곳에 뿌리를 두고 있으며, 오랜 이주의 역사를 가졌다. 중심부인 나지드 지역에는 현재 사우디아라비아를 통치하는 알사우드 가문을 비롯해 알라시드, 알우타이바, 알무라 같은 유력 부족들이 있다. 메카와 메디나가 있는 서부 해안 헤자즈 지역에는 요르단의 왕가인 하심가와 알샤리프 가문이 연관되어 있다. 남부의 아시르 지역에는 알감디, 알무하리브, 알하리스 부족이 살고 있으며, 석유가 많이 매장된 동부 지역에는 알도사리, 알오타이비, 알자라 부족이 자리 잡고 있다.

아라비아반도의 부족들은 역사적으로 끊임없이 이동하고 서로 섞여왔기 때문에 정확한 기원을 찾기란 쉽지 않다. 유목 생활과 사막 지역을 떠돌던 베두인 전통을 가진 부족이 있는가 하면, 여러 세대에 걸쳐 한 지역에 정착해 살아온 부족들도 있다. 이처럼 사우디아라비아의 부족 지도는 매우 복잡하며 각 부족은 저마다의 독특한 역사와 전통, 가계도를 가지고 있다. 한편 무슬림 세계의 다른 지역에서 이주해 온 가문들도 있다. 이들은 사우디아라비아 건국 초기에 시민권을 받았는데 알힌디(인도 출신)나 알마그리비(북아프리카 출신)와 같은 성씨를 통해 그들의 출신을 짐작할 수 있다.

부족의 영향력은 오늘날 사회생활에서도 여전히 중요하다. 해외에 살고 있는 부족 구성원들도 강한 유대 관계를 유지하고 있다. 외국에 거주하는 사우디 사람들은 고향과 긴밀한 관계를 유지하며 자신이 속한 부족의 행사나 소식을 꾸준히 챙긴다.

사우디 언론은 국왕과 부족 지도자들의 만남을 자주 생중계한다. 이는 통치 가문에 대한 충성심을 보여주는 중요한 행사다. 이러한 방송은 또한 부족 지도자들이 필요할 때 국왕과 직접 소통할 수 있다는 것을 보여준다. 특히 사회적 분열이 우려되는 상황이 발생했을 때는 부족의 지도자인 셰이크들이 공개적으로 국왕과 국가에 대한 충성을 표명하곤 한다.

## 명예

사우디아라비아에서 명예는 매우 중요한 가치다. 남녀 모두 일상생활에서 명예롭게 행동하는 것이 무엇보다 중요하다. 명예의 개념은 사우디 사회 전반에 깊이 스며들어 있어 대인 관계, 사회적 상호작용, 개인의 정체성 인식에까지 영향을 미친다. 명예로운 행동이란 도둑질을 하지 않는 것은 물론 손님을 후하게 대접하고, 신앙을 실천하며, 가족을 부양하는 등의 자신의 역할을 충실히 수행하는 것을 의미한다. 실제로 사우디아라비아의 범죄율은 매우 낮아서 잃어버린 물건이 며칠이 지나도 그대로 있는 경우가 흔하다.

개인이나 가문의 명예에 손상을 입는 것은 매우 심각하게 받아들여진다. 특히 누군가의 가문이나 어머니의 품행을 모욕하는 것은 돌이킬 수 없는 상처가 되며, 이는 강한 반발을 불러일으킬 수 있다. 사우디 사회의 모든 관계에서 존중과 그것을 표현하는 방식은 매우 중요하다. 노인과 젊은이 사이든, 손님과 주인 사이든, 사업 파트너 간의 관계든 상관없이 이는 변함없이 지켜야 할 핵심 가치다. 갈등 상황이나 의견 충돌이 있을 때면 목소리를 높이거나 명예가 훼손되었다는 표현을 쓰는 경우가 많다. 이는 논쟁에서 우위를 점하기 위한 흔한 전략이며 이런 상황에서는 체면을 지키는 것이 무엇보다 중요해진다.

## 가족과 사생활

사우디 사람들의 삶에서 이슬람 다음으로 가장 중요한 것은 가족이다. 여러 세대가 한 지붕 아래서 함께 사는 것이 일반적이지만, 요즘 젊은 세대는 점차 독립적인 생활을 선호하는 추세다. 사우디에서는 대부분의 사회적 교류가 가족 안에서 이루어지며 사생활을 매우 중요하게 여긴다. 집 주변을 높은 담장으로 두르거나 도심 아파트의 창문에 짙은 색 선팅을 하는 것도 이 때문이다. 사우디 사람들은 전반적으로 사생활 보호에 매우 민감하다. 가정은 신성한 공간으로 여겨져 초대 없이 방문하는 것은 금기시된다. 마찬가지로 다른 사람의 사적인 공간을 침해하는 것도 삼가야 한다.

이처럼 가족이 개인의 사생활과 사회생활에서 중요한 역할을 하다 보니 공공장소의 여가 시설들도 자연스럽게 가족 중심으로 구성되어 있다. 예를 들어, 식당에는 보통 '가족 전용' 구역이 따로 마련되어 있어 가족 단위의 고객은 다른 사람들의 시선을 피해 편하게 식사할 수 있다.

## 사회 속 여성의 위치

최근 몇 년 사이 사우디아라비아에서 여성의 지위는 크게 변화했다. 특히 비전 2030이 발표된 이후, 여성의 자율성을 높이고 사회적 지위를 향상하기 위한 다양한 법적 조치들이 도입되었다.

사우디아라비아의 여성 관련 정책을 이해하기 위해서는 문화적 시각 차이를 먼저 알아야 한다. 서구 사회에서 여성 억압으로 여겨지는 것들이 사우디아라비아에서는 샤리아법에 근거한 보호 체계로 인식되었다. 하지만 시대가 변화하면서 사우디의 지도층은 전체 인구의 절반에 가까운 여성들의 잠재력을 활용하지 못하고 있다는 점을 인식하게 되었다. 이에 따라 샤리아 원칙의 적용이 점차 유연해지고 있으며, 비전 2030이 추구하는 국가 발전이라는 목표 아래 여러 분야에서 눈에 띄는 변화가 일어나고 있다.

【 후견인 제도 】

사우니아라비아에서 가장 큰 변화를 겪은 분야 중 하나는 남성 후견인 제도다. 과거 이 제도의 영향력은 매우 광범위했다. 여성의 교육과 결혼은 물론, 여행과 사회 활동에 이르기까지 모든 의사결정 권한이 남성 후견인에게 있었고, 이 후견인은 보통 가까운 남자 친척이나 배우자였다.

2001년, 여성들은 처음으로 자신의 신분증을 가질 수 있게 되었다. 그 전까지지는 아버지나 남편의 서류에 부속으로 등재되어 있었다. 2015년에는 지방 선거에서 투표하고 출마할 수 있는 권리를 얻었다. 2018년에는 운전 금지가 해제되었고, 2019년에는 후견인 제도에 대대적인 변화가 일어났다. 21세 이상의 여성은 자신과 자녀의 여권을 직접 발급받을 수 있게 되었고, 남성 후견인의 허가나 동행 없이도 해외여행이 가능해졌다. 또한 결혼, 이혼, 출생, 사망 등의 공식적인 신분 변경도 남성 후견인의 승인 없이 직접 할 수 있게 되었다.

이러한 변화가 얼마나 혁명적인 것인지 이해하려면 사우디 사회의 과거를 알아야 한다. 과거에는 아내나 누이의 이름이 공개적으로 언급되는 것조차 남성의 수치로 여겨졌다. 예를 들어, 학교에서 하교 시간에 여학생의 후견인이 마중을 왔다는 것을 알릴 때도 여학생의 이름이 아닌 후견인 자신의 이름을 방송으로 부르곤 했다. 출산한 여성들도 자신의 이름 대신 '움 무함마드(무함마드의 어머니)'처럼 첫째 아이의 이름을 따서 불리는 것이 일반적이었다.

전통적으로 남성은 결혼으로 맺어진 가족의 여성들, 시가 식구들이나 친구 아내의 이름을 아는 것조차 금지되었다. 가족 왓츠앱 그룹에도 형제들의 아내는 포함되지 않았는데, 이는 그들의 이름과 연락처가 다른 남성 가족 구성원들에게 노출되는 것을 막기 위해서였다. 오늘날에도 여성이 남편의 친구나 시동생들과 대화하지 않거나 얼굴을 보이지 않는 것이 일반적이다. 도시 지역에서는 이런 관습이 점차 완화되고 있지만 여전히 전통을 고수하는 많은 사람이 이를 지키고 있다.

지금도 사우디 남성은 가족에 대해 이야기할 때 아내에 대해서는 거의 언급하지 않는다. 자녀, 부모, 형제자매, 또는 가족 전반에 관해서는 이야기해도 아내는 여전히 매우 사적인 주제로 여겨진다. 따라서 남성에게 그의 아내에 대해 구체적으로 물어보기를 삼가야 한다. 다만 사우디 친구나 동료들과 가까워져서 그들이 먼저 아내를 언급하는 경우에는 대화에 참여해도 괜찮다. 사우디 부부와 함께 식사할 때는 남성이 상대방의 아내와 불균형한 비중으로 대화하는 것을 피해야 한다.

【여성의 복장】

사우디 여성의 복장 규제는 오랫동안 외부 세계의 비판을 받아왔다. 국제 사회는 이를 여성 억압의 한 형태로 보았지만 사우디아라비아를 비롯한 대부분의 이슬람 문화에서는 여성이 자신의 명예를 지키는 수단으로 여겨졌다. 최근 몇 년간의 법적 변화는 이러한 복장 규정에도 영향을 미쳤다. 2018년부터는 여성들이 아바야(어떤 색이든 가능하지만 주로 검은색인 전통 긴 가운)나 히잡(머리와 목을 감싸는 스카프)을 의무적으로 착용할 필요가 없어졌다.

아바야와 히잡 외에도 니캅(눈을 제외한 얼굴을 가리는 검은 천)과 가타(얼굴 전체를 가리는 베일)가 있다. 엄격한 샤리아법을 따르는 여성 중에는 손까지 가리기 위해 검은 장갑을 착용하는 경우도 있다.

흥미로운 점은 법적 의무가 사라졌음에도 대부분의 사우디 여성이 여전히 전통 복장의 전부 또는 일부를 착용하기를 선택한다는 것이다. 이는 현대 사우디 사회에 존재하는 다양한 사회적 힘이 작용하고 있음을 보여준다. 약 80%의 여성들이 아바야와 히잡을 조합해서 착용하는 것으로 추정된다. 여성들에게 그 이유를 물어보면 다양한 답변을 들을 수 있다. 많은 이들이 개인적인 선호라고 말하지만, 이것이 오랜 사회적 규범의 영향을 얼마나 받은 것인지는 가늠하기 어렵다. 어떤 이들은 어머니와 할머니가 입었던 것처럼 전통을 이어가고 싶다고 한다. 또 다른 이들은 결혼 전까지 자신의 모습을 가리고 싶어서, 즉 미래의 남편 외에는 아무도 보지 못하게 하기 위해서라고 말한다.

사우디에서 일하는 대부분의 외국인 여성도 공공장소에서는 아바야를 입지만 히잡은 쓰지 않는 것이 일반적이다. 대부분의 사무실 환경에서는 아바야를 입을 필요가 없다. 실제로 많은 여성이 출퇴근 시에만 아바야를 입고 사무실에 도착하면 겉옷처럼 걸어두곤 한다.

**【 여성 교육 】**

사우디아라비아의 여성 공교육은 1960년 파이잘 국왕과 그의 부인 에파트 왕비에 의해 자발적 참여 형태로 처음 도입되었다. 제다에 있는 엘리트 여자 사립 교육기관은 에파트 왕비의 이름을 따서 지어졌는데 이는 사우디아라비아에서 서구식 교양 교육에 가장 근접한 교육 기관으로 평가받는다. 오늘날에는 남녀 모두 초등교육 6년 과정을 의무적으로 거쳐야 한다.

2023년 기준, 공립대학 재학생의 52%가 여성이다. 정부는 교육의 질을 높이고 여성의 고등교육 참여를 늘리기 위한 다양한 정책을 추진하고 있다.

**【 직장 내 여성 】**

얼마 전까지만 해도 사우디아라비아의 일터와 비즈니스 세계는 남성의 전유물이었다. 하지만 최근 국가 혁신프로그램을 비롯한 여러 정책을 통해 여성은 더 많은 취업 기회를 얻고 근무 환경이 개선되며 창업이 장려되고 있다. 이는 2030년까지 여성 노동력 참여율을 30%까지 높이기 위한 노력의 일환이다. 이제 여성도 전통적으로 남성이 지배적이었던 공학과 금융 분야를 포함해 다양한 산업과 직종에서 일할 수 있게 되었다. 그리고 정부는 직장 내 여성의 권리를 강화하는 법적 개혁을 추진하고 있다. 동일 노동에 대한 동일 임금을 보장하고, 성차별을 금지하며, 출산휴가 중인 여성의 해고를 막는 등의 조치가 이루어졌다.

이러한 변화로 여성이 민간과 공공 부문에서 리더십 직위를 맡는 경우가 늘고 있다. 특히 금융, 의료, 교육 분야에서 두드러진다. 사우디 여성들의 활발한 사회 진출은 국내외 언론의 주목을 받고 있다. 2022년 2월 BBC 뉴스는 "사우디아라비아에서 30개의 기관사 자리에 2만 8,000명의 여성이 지원했다"라는 헤드라인의 기사를 보도하기도 했다.

이제 사우디 여성은 남성 후견인의 사전 승인 없이도 직접 사업체를 설립하고 운영할 수 있게 되었다. 정부는 이를 적극 지원하고 있으며 관련 규정도 새롭게 마련되었다. 국가 기업가정신계획과 중소기업청의 설립을 통해 여성의 창업을 장려하고 있으며 여성 기업가들을 위한 다양한 지원 프로그램도 운영되고 있다. 여성 창업 장려 정책의 결과, 사우디아라비아의 비즈니스 세계는 크게 성장하고 있다. 2022년 중소기업청인 몬샤트의 보고서에 따르면 그해 사우디아라비아의 전체 스타트업 중 45%가 여성이 소유한 기업이었다. 이러한 통계는 오늘날 사우디 여성들의 진취적이고 기업가적인 정신을 잘 보여준다. 기회가 주어지자 여성들은 자신의 자리를 만들고 사회와 세계의 발전에 기여하기 위해 열심히 노력하고 있다.

【스포츠】

성평등을 촉진하기 위한 사회 개혁의 하나로 여성의 스포츠 행사 관람 제한도 해제되었다. 나아가 이제 여성은 다양한 국제 스포츠 대회에도 참가할 수 있게 되었다. 2018년 세계 스쿼시 선수권 대회와 2019년 다카르 랠리에 여성들이 참가했는데, 특히 다카르 랠리에서는 처음으로 여성 드라이버 부문이 신설되었다.

2020년에는 여성 축구 리그가 출범했는데, 이는 국내 여성 스포츠 발전에 있어 매우 중요한 이정표가 되었다. 현재 이 리그에는 무려 24개 팀이 참가하고 있다. 정부는 여성을 위한 피트니스 센터도 개설했다. 리야드에 있는 프린세스 리마 스포츠 센터는 세계 최대 규모의 여성 전용 스포츠 센터로 여성의 건강한 생활을 지원하고 있다.

### 【 여가 생활과 공적 영역 】

과거 공적 영역에서 여성의 활동은 찾아보기 힘들었다. 하지만 최근 문화계 곳곳에서 여성들의 활약이 두드러지고 있다. 특히 사우디 여성 DJ의 성장이 이러한 변화를 잘 보여준다. 보수 세력의 반발과 비판에도 불구하고 이제는 제다 월드 페스트나 MDL 비스트 페스티벌 같은 대형 행사에서 당당히 공연하며 오랜 편견의 벽을 허물어가고 있다.

연기와 노래, 모델 분야에서도 여성들의 성장이 빨라지고 있다. 특히 일부 사우디 여성 예술가들은 국내를 넘어 세계 무대에서도 주목받고 있다. 전통 아라비아 음악을 현대적으로 재해석한 가수 로타나 타랍주니(Rotana Tarabzouni)가 대표적이며, 배우 파티마 알-바나위는 다양한 작품에서 뛰어난 연기력을 인정받고 있다. 이러한 변화는 MBS 체제 아래 이뤄진 것으로 사우디 여성들의 새로운 장을 열어가고 있다.

【 가족과 가정생활 】

크나큰 사회적 변화 가운데서도 여성은 여전히 가정에서 중요한 역할을 담당한다. 하지만 직장 여성이 늘어나면서 일과 가정의 균형을 맞추는 것이 새로운 과제로 떠올랐다. 한편 가족생활과 관련된 법률도 크게 바뀌어 여성의 가족 내 의사결정 권한이 강화되었다. 앞서 언급된 새로운 가족법이 대표적인데 2019년부터 2021년 사이에는 여성들이 남성 보호자의 동의 없이도 결혼, 이혼, 자녀 출생 신고를 하고 결혼 증명서와 같은 가족 관련 서류를 발급받을 수 있게 되었다.

남편의 동의 없이도 이혼할 수 있게 된 것은 여성들에게 가족생활에서 더 큰 자율성을 부여했고, 이는 전국적으로 이혼율이 증가하는 결과로 이어졌다. 다만 이혼에 대한 사회적 낙인은 여전히 남아 있으며 이러한 법적 변화가 가족 관계와 자녀 양육에 미치는 영향을 두고 논란이 이어지고 있다. 왕국에서는 여전히 일부다처제가 합법이며 남성들은 모든 아내와 자녀들을 경제적으로 부양할 수 있다면 최대 네 명의 아내를 둘 수 있다. 하지만 대다수는 일부일처제를 선호하는 것이 현실이다.

## 외국인을 대하는 태도

사우디 사람은 기본적으로 외국인에 대한 호감과 호기심이 크다. 진정성 있는 관심과 따뜻한 환대 덕분에 많은 외국인이 애초 계획했던 것보다 더 오래 사우디에 머물기도 한다.

사우디 사람에게 환대는 명예로운 일이자 신성한 의무다. 이는 역사적으로 베두인족이 극심한 사막 환경에서 살았던 것과 관련이 있다. 당시 유목민들은 목마름과 굶주림, 갑작스러운 습격이나 적의 공격으로부터 살아남기 위해 서로의 환대에 의존할 수밖에 없었다. 이슬람의 이러한 전통은 더욱 확장되어 무슬림 땅에서 '약속' 아래 살아가는 모든 이들은 주인의 보호를 받을 수 있다. 이 때문에 사우디 사람들은 타인의 안녕과 안전에 대한 책임감을 느끼며, 이를 표현하는 것을 주저하지 않는다. 그래서 이 왕국을 찾는 외국인 대부분은 진심 어린 환대를 경험할 수 있다.

**【 사우디 내 서방 국가 출신 외국인 】**

서방 국가에서 온 방문객과 주재원은 본국에서도 경험하기 힘들 정도로 좋은 대우를 기대할 수 있다. 사우디의 복잡한 행정 절차도 이들에게는 순조롭게 처리되며, 서구 주재원들은 사우디 사회에 대한 공헌을 인정받아 후한 보수를 받는다. 특히 사우디 사람은 미국인을 매우 높이 평가한다. 무함마드 빈 살만 왕세자는 2017년 '워싱턴포스트'와의 인터뷰에서 "미국의 문화적 영향이 없었다면 우리는 북한처럼 됐을 것"이라고까지 말했다.

사우디 사람은 미국 제품을 가장 신뢰한다. 대부분의 무기를 미국에서 구매하며, 도로에서도 미국 자동차를 흔히 볼 수 있다. 오래전부터 슈퍼마켓 진열대는 미국 식품들로 가득했는데 최근에는 글루텐 프리, 비건, 유당 불내증 식품까지 다양하게 구비되어 있다.

하지만 사우디 왕국과 아랍 세계에서는 여전히 미국과 미국 문화의 영향력을 경계하는 시선이 존재한다. 중동의 모든 문제가 미국에서 비롯되었다고 보는 사람들이 있고, 이들은 세계의 혼란까지도 미국 탓으로 돌린다. 이러한 인식은 다분히 구시대적인 편견에서 비롯된 것이지만 여전히 이어지고 있다. 그러나 흥미로운 점은 이처럼 미국을 비판하는 사람들조차 일상에서는 미국 제품을 즐겨 쓰고 미국의 문화 트렌드를 자연스럽게 받아들인다는 것이다.

하지만 정치적 견해와는 별개로 사우디 사람은 외국인 개개인을 대할 때 매우 호의적이다. 상대의 국적이 미국의 '테러와의 전쟁'에 어떤 입장을 취했든 상관없이 모두 정중히 대한다. 물론 일상에서 호기심 어린 시선을 받을 순 있지만 불편한 적대감을 느낄 일은 거의 없다.

현재 사우디아라비아에 거주하는 미국인은 약 8만 명에 달한다. 예전에는 대부분 사우디 아람코나 비넬과 같은 방위산업체에서 일했다. 하지만 요즘은 활동 영역이 크게 넓어져 기가 프로젝트, 대학교, 컨설팅 회사 등 왕국 곳곳에서 다양한 직종에 종사하고 있다. 특히 최근에는 기가 프로젝트 관련 일자리가 아람코, KAUST와 더불어 왕국의 최고 대우를 받는 직장으로 꼽힌다.

영국인의 경우, 약 3만 명이 사우디아라비아에 거주한다. 이들은 주로 의사나 영국항공우주산업에서 일하는 엔지니어들이다. 그 뒤를 이어 수천 명의 EU 시민들이 본국 기업의 파견으로 사우디아라비아에서 근무하고 있다.

보통 외국인 직원은 담장으로 둘러싸인 단지에서 생활했지만, 최근에는 점점 더 많은 외국인이 이런 폐쇄적인 주거 형태를 벗어나 사우디 사람들과 함께 아파트 단지에서 살기를 선택하고 있다.

대부분의 사우디 사람은 서양인과 대화하는 것을 즐긴다. 설령 영어 실력이 부족하더라도 말이다. 때로는 아랍어로만 대화를 시도하더라도 놀라지 않아도 된다. 이는 순수한 호기심에서 비롯된 것으로 왜 상대가 이 나라에 왔는지 진심으로 관심이 있기 때문이다. 사우디 문화에서는 개인의 사생활과 존중을 중요하게 여기기 때문에 방문객들이 지나치게 사적인 질문을 받는 경우는 거의 없다.

### 【 사우디 내 아시아 출신 외국인 】

아시아 출신 외국인은 사우디 왕국의 여러 핵심 분야에서 일하고 있다. 주로 건설과 산업 현장에서 일하며, 가정에서는 보모, 운전기사, 가정부로 일한다. 또한 식당, 호텔, 상점 등 다양한 서비스 분야에서도 근무한다. 최근 사우디화 정책으로 이러한 직종에 사우디 사람의 진출이 늘고 있지만 여전히 대부분은 필리핀, 인도네시아, 방글라데시, 파키스탄, 인도, 스리랑카 등에서 온 노동자가 차지하고 있다.

사우디아라비아와 걸프 지역 노동자의 열악한 처우는 오랜 기간 국제 사회의 비난을 받아왔다. 하지만 최근 몇 년간 사우디 노동법이 크게 개정되면서 노동 환경이 크게 개선되었다. 예를 들어 이제 고용주는 직원의 여권을 보관할 수 없게 되었고, 노동자는 자유롭게 직장을 옮길 수 있게 되었다. 또한 외국인 노동자는 이직할 때 더 이상 이전 직장에서 NOC(이의 없음 증명서)를 받을 필요가 없어졌다.

현재 노동자들의 근무 시간은 하루 8시간, 주 6일로 제한된다. 이를 초과해 일할 경우에는 정규 임금의 50% 할증된 초과 근무 수당을 받을 수 있다. 정부는 또한 기온이 가장 높은 6월 15일부터 9월 15일까지는 정오부터 오후 3시까지 야외 작업을 금지했다.

### 【 무슬림 사회 속 비무슬림 】

성지인 메카와 메디나는 비무슬림의 출입이 엄격히 금지된다. 이 규칙을 어기는 것은 매우 위험하다. 적발되면 고액의 벌금은 물론 국외 추방까지 당할 수 있기 때문이다. 성지 주변 48km 반경이 출입 금지 구역으로 지정되어 있으며 제다에서 오는 길에는 우회 지점을 알리는 표지판이 곳곳에 설치되어 있다. 사우디아라비아의 모든 모스크 역시 비무슬림의 출입을 허용하지 않아 외관만 구경할 수 있다.

많은 외국인이 자국의 전통 행사나 종교 행사를 이곳에서도 즐길 수 있는지 궁금해한다. 이슬람교가 유일한 국교인 만큼 다른 종교 행사나 축제를 공개적으로 기념하는 것은 금지되어 있다. 하지만 자신의 집 안에서는 어느 정도 자유가 허용된다. 즉, 개인적인 종교 활동이나 전통 행사는 집 안에서 조용히 치르는 한 문제 되지 않는다. 다만 공개적인 종교 모임을 하거나 포교 활동을 하는 것은 절대 금지다. 성경이나 다른 종교 서적도 개인이 사용할 목적으로 한 권 정도는 들여올 수 있다. 최근에는 서구의 전통적인 축하 행사들도 점차 늘어나는 추세다. 최근에는 사우디아라비아에서도 핼러윈 코스튬 파티가 열리고 있으며 쇼핑몰에서는 종교색이 배제된 크리스마스와 부활절 장식품을 쉽게 찾아볼 수 있다.

사우디아라비아에 방문하거나 거주하는 외국인은 사우디 사람과 대화할 때 친근하면서도 예의 바른 태도를 유지해야 한다. 어느 정도 경계를 풀어도 문제 될 것은 없지만 파티나 음주, 이성 친구 같은 이야기나 그들의 문화적 규범과 종교적 가치를 거스를 수 있는 주제는 언급하지 않는 것이 좋다. 또한 미혼 남녀 간의 만남이나 친밀한 관계는 불법이며 부도덕한 것으로 여겨진다는 점도 기억해야 한다. 이에 대한 내용은 4장에서 더욱 자세히 다룰 예정이다.

### • 무슬림과 교류할 때 지켜야 할 문화적 배려 •

현지 규범을 아는 것도 중요하지만 어떤 주제를 피하고 또 어떤 주제에 조심스럽게 접근해야 할지 아는 것도 매우 중요하다. 사우디를 방문하면 많은 사람이 이슬람에 관한 주제로 대화를 시작한다. 서구에서는 종교 이야기가 나오면 "죄송하지만 관심이 없어요"라고 말할 수 있지만 사우디에서는 이런 반응이 큰 실례가 될 수 있다. 상대방이 중요하게 여기는 주제에 관심이 없다고 말하는 것과 다름없기 때문이다. 사우디 사람들은 자신들의 종교에 대단한 자부심을 품고 있다. 그래서 이슬람에 관한 대화에 관심을 보이고 참여하는 것을 권장한다. 그들의 문화와 전통을 배우다 보면 자연스럽게 그들이 무엇을 가장 소중히 여기는지도 알게 된다. 이때 한 가지 오해하지 말아야 할 점이 있다. 사우디 사람들이 이슬람에 관해 이야기한다고 해서 상대가 개종(이슬람에서는 '회귀'라고 부른다)하길 바라는 것은 아니다. 그들은 그저 다양한 사람과 이슬람에 관해 이야기를 나누고 신념을 나누는 것 자체를 즐거워한다.

무함마드라는 이름을 다룰 때도 주의가 필요하다. 예언자 무함마드가 이슬람의 핵심 인물이기 때문에 이 이름을 부적절하게 사용하는 것은 실례가 될 수 있다.

피해야 할 주제들도 있는데 수니파와 시아파 간의 갈등이 대표적이다. 이는 외국인이나 비무슬림이 완전히 이해하기 어려운 민감한 주제다. 마찬가지로 예멘 전쟁이나 이스라엘과의 관계 같은 정치적인 이슈들도 언급하지 않는 것이 좋다.

'인샤알라(신의 뜻대로)'라는 표현과 관련해서 많은 방문객이 어떻게 반응해야 할지 몰라 실수하기도 한다. 이 표현은 어떤 약속이나 의도, 다짐을 말하는 맥락에서 자주 사용된다. 하지만 일상적인 일에도 '신의 뜻'을 언급하는 문화가 낯선 방문객들은 종종 이를 비꼬는 듯한 반응을 보이곤 한다. 예를 들면 이런 상황이다.

현지인: 선생님, 내일 뵙겠습니다.

방문객: 네, 내일 뵐게요. 숙제 꼭 완성해서 가져오세요.

현지인: 인샤알라.

방문객: (비웃으며) 하! 이번엔 정말 가져오겠다는 거겠죠?

이런 반응은 대화에 참여하는 두 사람 간의 친밀도에 따라 무례하게 받아들여질 수 있다. 사우디 사람들은 예의 바른 민족이라 직접적으로 불편함을 표현하지는 않겠지만 이런 발언은 관계를 해칠 수 있다. 이럴 때는 따뜻한 미소를 짓거나 "인샤알라"라고 답하는 것이 가장 좋다.

## **교육과** 직장

사우디아라비아의 문해율은 2023년 기준 96.3%에 달한다. 초창기만 해도 소수의 마드라사(이슬람 학교)에서만 교육이 이뤄졌고, 대부분은 부모의 책임이었다. 하지만 이제는 공립, 사립, 국제학교 등 교육 선택의 폭이 넓어졌다.

모든 학교는 교육부와 여자교육총국의 관리 감독을 받는다. 사우디 공립학교는 기본적으로 사우디 시민을 위한 곳이지만 무슬림 가정의 외국인 자녀도 입학이 가능하다. 이들 학교는 남녀가 분리되어 있으며, 이슬람 교육을 중점적으로 다룬다. 정부가 운영하는 초등교육은 모든 사우디 시민에게 무료로 제공된다. 한편 사립학교들은 국가 교육과정을 따르면서도 아랍어나 영어, 혹은 두 언어를 모두 사용해 수업을 진행한다. 6세부터 12세까지의 아동은 모두 의무적으로 초등교육을 받아야 하며, 남녀 구분 없이 6년 과정을 모두 마쳐야 한다. 다만 12세 이후의 교육은 의무 사항이 아니다.

초등학교 이후에는 보통 중학교(13~16세)와 고등학교(17~19세) 과정으로 나뉜다. 중·고등학교 교육 모두 사우디 학생들에게는 무상으로 제공되며, 이슬람 교육, 아랍어, 역사, 수학, 문학, 과학, 그리고 대부분의 학교에서 영어를 가르친다. 중학교를 마친 후에는 과학, 경영, 예술 등 특정 분야에 중점을 둔 고등학교를 선택할 수 있다. 공립학교 학생들은 졸업 전에 대부분의 사우디 대학 입학에 필요한 일반 적성 검사(GAT)를 치러야 한다.

사우디아라비아에는 외국인들이 많은 만큼 다양한 국제학교가 있다. 각국의 언어로 수업을 진행하고 해당 국가의 평가 시스템을 따르며, 국제 바칼로레아(IB) 과정을 제공하는 학교들도 있다. 국제학교 학비는 연간 1만 5,000SAR에서 10만 SAR로 꽤 비싼 편이다. 고등교육의 경우, 현재 25개의 국립대학교와 9개의 사립대학교, 34개의 사립 전문대학이 있다. 교육 수

요가 늘어나면서 고등교육 기관도 계속 증가하고 있으며, 많은 외국 대학도 사우디아라비아에 캠퍼스를 설립했다. 특히 2024년 기준으로 대학생 중 여학생 비율은 약 52%를 차지해 남학생보다 더 많다.

사우디 정부는 '두 성지의 수호자 장학 프로그램'을 통해 해외 유학을 적극 지원한다. 2018년 한 해에만 11만 4,000명의 학생이 이 프로그램의 지원을 받았다. 주요 유학 대상국은 미국, 영국, 캐나다, 호주, 독일 등이다.

# 03

# 관습과 전통

SNS와 세계화의 영향으로 젊은 사우디 사람들도 이제는 밸런타인데이, 핼러윈, 심지어 크리스마스까지 즐기는 추세다. 물론 크리스마스의 경우, 종교적 의미는 배제하고 축제로만 즐긴다. 과거에는 외국인 가정이 종교 행사를 기념하고 싶을 때 집이나 주거단지 안에서만 조용히 할 수 있었다. 하지만 이제는 쇼핑몰이나 대형 마트에서도 이런 기념일과 관련된 상품들을 공공연히 판매한다.

## 달력 체계

사우디아라비아는 이슬람이 시작된 시점을 기준으로 하는 이슬람력(히즈라력)을 사용한다. 예를 들어 2025년은 이슬람력으로 1446/1447년이다. 이슬람력은 예언자 무함마드가 메카에서 메디나로 이주한 사건을 기점으로 삼는데 음력을 따르기 때문에 한 해가 354일 정도다. 특히 쿠란에서는 윤달을 사용하는 것을 금하고 있으며 신문에서는 이슬람력과 서력을 나란히 표기하는 것이 일반적이다. 하지만 은행이나 대기업은 실용적인 이유로 그레고리력을 주로 사용하며 건국기념일 같은 국경일도 그레고리력을 기준으로 정해진다. 근무 일정을 보면 일요일부터 목요일까지가 평일이고 금요일과 토요일이 주말이다. 특히 금요일은 기도를 위한 날로 특별히 지정되어 있다.

## 라마단

라마단은 쿠란이 계시된 이슬람력의 9번째 달이다. 이 성스러운 기간에는 단식과 기도, 자선 활동이 이루어진다. 건강한 성

라마단 기간에 메카의 마스지드 알-하람에서 하루 금식을 마치기 위해 모인 사람들

인이라면 30일 동안 해 뜰 때부터 해 질 때까지 단식을 해야 하는데, 이때는 음식은 물론 물, 커피, 담배, 껌까지도 전혀 입에 대지 못한다. 병자나 생리 중인 여성, 여행자는 단식하지 않아도 되며, 해가 떠 있는 동안에는 성관계도 금지된다. 라마단의 시작과 끝은 천문학적 계산을 따르기보다는 여러 목격자가 초승달을 직접 봐야 결정되기 때문에 나라마다 날짜가 조금씩 다를 수 있다. 라마단이 시작되면 사람들은 "라마단 카림" 또는 "라마단 무바라크"라고 말하며 축복의 인사를 나눈다.

해가 지면 이프타르라는 식사로 하루의 금식을 마친다. 이프타르는 '금식을 깬다'는 뜻을 가지고 있다. 보통 대추야자 몇 개와 물이나 주스로 시작하는데 부유한 가정에서는 긴 식탁을 차려놓고 누구나 함께 먹을 수 있도록 초대한다. 식당들도 이 시기에는 특별 메뉴를 선보인다. 이프타르 시간이 되면 사람들이 서두르는 경우가 많아 운전할 때 특히 조심해야 한다. 밤이 되면 대추야자 케이크나 칼라지와 같은 라마단 특별 음식을 즐기며 잔치는 계속된다. 칼라지는 얇은 반죽을 우유에 담갔다가 생크림을 넣어 튀긴 뒤 설탕이나 꿀을 뿌린 과자다. 거리와 공원 곳곳에는 특별한 천막이 설치되어 집에서 만든 음식을 판다. 이 기간에 대대로 내려오는 레시피로 만든 이 전

마아물 - 대추야자나 무화과를 넣은 버터밀크 쿠키로 단식 후 즐기는 인기 있는 간식

통 음식들은 꼭 맛보는 것을 추천한다.

라마단 기간에는 아예 낮 내내 잠을 자서 밤낮이 완전히 바뀐 채로 살아가는 사람도 많다. 거리와 모스크는 '빛으로 쓴 글씨'를 의미하는 마히야라고 불리는 축제 장식으로 빛나고 사람들로 북적인다. 상점과 쇼핑몰, 식당은 늦게까지 문을 열고, 많은 사람이 저녁이나 밤늦게까지 일을 하는 것이 일반적이다. 이 시기에 일하는 사람들은 한밤중에도 업무 관련 메시지나 전화, 이메일을 받곤 한다.

라마단 기간에도 업무는 평소처럼 진행된다. 다만 몇 가지 차이점이 있다. 대부분 직장은 단축 근무를 하는데, 회사에 따라 무슬림들은 오전 10시부터 오후 4시까지, 또는 정오부터 오후 6시까지 일한다. 반면 비무슬림 외국인 직원은 대체로 정상 근무 시간을 유지한다.

이 기간에는 업무 능률이 다소 떨어질 수 있지만 라마단을 핑계로 일을 소홀히 하는 사우디 사람은 거의 없다. 대부분 평소와 다름없이 일하며 아침부터 물과 커피, 음식을 전혀 먹지 못했음에도 겉으로는 거의 표가 나지 않을 정도로 언제나처럼 친절하고 상냥한 태도를 유지한다.

사우디아라비아에서 일하거나 어느 정도의 기간 동안 머무른다면 이프타르 식사에 초대받을 가능성이 높다. 주인은 정성을 다해 손님을 맞이하고 풍성한 음식으로 대접하는데, 이는 사우디 문화를 직접 경험할 수 있는 특별한 기회다.

라마단의 마지막 10일은 가장 중요한 시기다. 사람들은 이드 축제를 준비하기 시작하고, 특히 운명의 밤 또는 권능의 밤을 의미하는 라일라툴 카드르를 기다린다. 이는 이슬람력에서 가장 신성한 밤 중 하나로 예언자 무함마드가 쿠란을 계시받은 밤을 의미한다. 이날 밤 경건한 신자들은 밤새도록 기도(끼얌-울-라일)를 드리고, 쿠란을 읽거나 특별한 의미가 있는 구절을 암송하며 알라의 자비와 축복, 용서를 구한다.

사람들은 이날 밤에 드리는 기도가 다른 어느 때보다도 더 큰 효력이 있다고 믿는다.

초승달이 뜨면 라마단은 이드 알-피트르 축제로 절정을 맞이한다. 이때부터 사람들은 서로 "이드 무바라크!"라며 축하 인사를 나눈다. 공식적으로는 3일간의 휴일이지만 대부분의 사우디 직장에서는 일주일 정도 쉰다.

라마단의 날짜는 고정되어 있지 않다. 라마단은 음력인 히즈라력이 기준이므로 그레고리력 달력에서는 매년 10일에서 12일 정도씩 앞당겨진다.

### • 라마단 기간에 지켜야 할 예절 •

라마단 기간에 사우디아라비아를 방문한다면 윤리적인 태도와 차분한 언행을 반드시 유지해야 한다.

- 평소에도 화를 내거나 짜증을 부리는 것은 좋지 않지만 성찰과 기도의 달인 라마단에는 더욱 침착하고 우호적인 태도를 보여야 한다. 직장인이라면 동료들을 배려하고 근무 시간 변경에도 열린 마음을 가지는 것이 좋다. 관리자의 경우에는 팀원들과 함께하는 이프타르 식사 자리를 마련하는 것도 좋은 방법이다.
- 집에서는 시끄러운 음악이나 큰 소리로 평화로운 분위기를 깨지 않도록 주의해야 한다.
- 직장에서도 단식 중인 동료들 앞에서 음식을 먹거나 물을 마시는 것, 껌을 씹거나 담배를 피우는 것은 삼가야 한다. 책상에서 물을 홀짝이거나 간식을 먹는 것도 마찬가지다. 유난히 너그러운 사우디 사람들이 "괜찮으니 드세요!"라고 말하더라도 모든 음식물은 서랍 속에 보이지 않게 보관하는 것이 예의다. 보통 직장에서는 라마단 기간에 단식하지 않는 사람들을 위해 별도의 공간이나 문이 달린 주방을 마련해두어 그곳에서 커피나 차를 마시고 점심을 먹을 수 있게 한다.

- 낮에는 식당과 상점 대부분이 문을 닫는다. 건설 노동자들을 위해 지역마다 한두 곳 정도 문을 여는 식당이 있기는 하지만 블라인드를 내리고 불을 끄고 있어서 찾기가 쉽지 않다.
- 이 기간에는 평소보다 더욱 단정한 복장을 갖춰야 한다. 팔과 어깨, 배, 다리를 가리고, 너무 꽉 끼거나 노출이 심한 옷은 지양해야 한다.
- 라마단은 새로운 인연을 만들 좋은 기회다. 해가 진 뒤 이프타르 식사를 함께하며 다양한 음식을 맛보고, 새로운 친구나 지인들과 즐겁게 지낼 수 있다. 축제 분위기에 동참한다면 분명 특별한 경험이 될 것이다.

순례자들이 타와프 의식의 일환으로 카바 신전을 7번 도는 모습

## 하지(성지순례)

이슬람력의 '둘 히자' 월이 되면 수백만 명의 무슬림이 순례 의식을 위해 사우디아라비아로 모여든다. 쿠란의 가르침에 따라 순례자들은 이흐람이라고 불리는 육체적 정화 상태로 순례를 시작해야 한다. 이는 온몸을 흰옷으로 감싸고, 출발하는 순간부터 피부에 로션이나 크림, 향수 등을 바르지 않는 것을 의미한다. 이 시기에 사우디아라비아로 여행하다 보면 많은 사람이 이런 차림새를 한 것을 볼 수 있다. 앞서 보았듯이 순례의 기원은 이슬람 이전으로 거슬러 올라가지만 지금은 이슬람력에서 가장 중요한 행사로 자리 잡았다. 쿠란에서는 건강한 무슬림이라면 일생에 한 번은 하지를 수행해야 한다고 가르친다. 실제로 많은 이들에게 하지는 일생일대의 꿈이다.

순례자들은 예언자 무함마드의 발자취를 따른다. 순례 경로의 성지들은 그의 삶에서 가장 중요한 사건들이 일어났던 곳이다. 순례자들은 미나라는 마을 근처에서 하룻밤을 기도하며 보내는데, 이 기간에는 이곳이 거대한 텐트 도시로 변모한다. 다음 날 아침에는 아라파트 평원으로 이동해 정오부터 일몰까지 하지의 핵심 의식이자 선 채로 하는 기도인 우쿠프를 수행한다.

이후 메카로 돌아와서는 카바 신전을 반시계 방향으로 7바퀴 도는 타와프 의식을 행한다. 카바는 대성원 한가운데 있는 정육면체 모양의 건물로 네 방위를 향해 서 있다. 이곳에는 운석의 일부로 알려진 검은 돌이 있으며 건물 전체가 검은 비단천으로 덮여 있다. 쿠란에 따르면 이 건물은 이브라힘과 그의 아들 이스마일이 세웠다고 한다. 예언자는 이슬람을 설립할 때 메카 사람들이 이곳에 두었던 이교도의 우상들을 모두 치웠다. 지금은 전 세계 모든 무슬림이 기도할 때 이 카바를 향해 예배를 드린다.

대성원에서는 사이라는 또 다른 의식이 이뤄진다. 사파와 마르와 언덕을 7번 왕복하는 것인데 이는 이브라힘의 아내 하갈이 아들 이스마일의 목숨을 구하기 위해 물을 찾아 헤맸던 일을 기리는 것이다. 나중에 이곳에서 그녀는 잠잠 우물을 계시받았고 지금도 많은 순례자들이 이 우물의 물을 마시며 그 의미를 되새긴다.

**【 순례자 관리 】**

수많은 순례자를 관리하는 일은 사우디 왕국의 가장 큰 행정적 과제이자 성과다. 물론 때로는 사고가 발생하기도 하는데, 특히 자마라트라는 곳이 가장 위험하다. 이곳은 악마를 상징하는 기둥이 있어 순례자들이 돌을 던지는 의식을 행하는 장소로, 2015년에는 인파 사고와 과밀로 인해 약 2,000명의 순례자가 목숨을 잃는 비극적인 사고가 발생하기도 했다.

사우디에는 하지 업무만을 전담하는 정부 장관이 있다. 이들은 매년 무슬림 국가별로 순례자 할당량을 정하고 관리한다. 순례자들의 편의를 위해 공항 시설, 도로, 수도, 의료 시설도 마련되어 있는데 제다의 킹 압둘아지즈 공항에 있는 텐트 형태의 하지 전용 터미널이 대표적이다. 정부는 순례자들이 아라파트 산을 오를 때 필요한 생수와 주스, 도시락을 제공하고, 곳곳에 구급차도 대기시켜놓는다. 현지 상인들은 차와 간식을 판매하고, 일부 주민들은 거리에서 순례자들에게 무료로 음료를 나눠주며 순례자들을 돕는다.

정부는 순례자들의 편의를 위해 희생 제물 처리도 담당한다. 순례자들은 이슬람개발은행에서 원하는 동물의 쿠폰만 구입하면 되고, 이후 도살과 가공, 냉동 처리는 모두 정부가 담당한다. 이렇게 준비된 고기는 메카의 빈곤층을 시작으로 무슬림 세계 곳곳의 어려운 이웃들에게 전달된다.

하지는 헤자즈 지역의 핵심 수입원이기도 하다. 순례자들은 종교의식뿐 아니라 제다에서 전자제품과 직물 쇼핑도 즐긴다. 제다는 이 지역의 관문 역할을 오랫동안 해왔고, 하지와 우므라(소순례)로 경제를 이어왔다. 과거에는 지역 에미르가 '보호'라는 명목으로 순례자들에게 터무니없이 비싼 세금을 거두기도 했다. 지금도 제다의 직물 상인들은 이 한 달 동안의 매출이 1년 치와 맞먹는다고 한다.

## 우므라

우므라는 하지 기간 외에 연중 언제든 이행할 수 있는 일종의 작은 순례다. 하지보다 의식이 간단하고 의무 사항도 아니다. 우므라는 다섯 가지 의식으로 이루어지는데, 먼저 '니야'라는 우므라를 시작하겠다는 의도 선언부터 시작한다. 그다음 이흐람, 타와프, 사이 의식이 이어진다. 마지막으로 순례자들은 머리카락을 잘라야 하는데 남성의 경우 머리를 살짝 자르는 탁시르와 완전히 미는 할레크 중 선택할 수 있다. 여성 순례자들은 주로 탁시르를 선택한다.

## 국가 공휴일

【 이드 알-피트르 】

이드 알-피트르는 라마단이 끝나는 초승달이 뜰 때 시작되는 3일간의 축제다. 정확한 날짜는 해 질 무렵 맨눈으로 초승달을 관측하는 것에 따라 결정된다.

이드 알-피트르가 되면 모든 사람이 자신이 가진 옷 중 가장 좋은 옷을 입는다. 이른 아침의 공동 기도회가 있기 전 모

이드 알-피트르 축하 행사에서 공연하는 무용수들

든 무슬림은 자캇을 내야 한다. 이는 가난한 사람들을 위한 식량이나 그에 상응하는 현금을 모스크에 기부하는 것이다. 여유가 있는 사람들은 이 시기에 넉넉히 기부한다. 기도 후에는 설교가 이어지고, 신도들은 "이드 무바라크"를 외치며 서로를 껴안는다. 그리고 잔치를 열어 친지와 친구들을 방문한다. 사우디 사람들은 포옹과 입맞춤, 방문은 물론 수백 통의 축하 문자도 주고받는다.

많은 사우디 사람이 이드 연휴에 해외여행을 떠난다. 라마단이 끝나고 일주일 정도는 상점들이 문을 닫아 거리가 평소보다 한산한 모습을 보인다.

### 【 이드 알-아드하 】

이드 알-아드하는 이드 알-피트르 약 70일 후에 있는 3일간의 공휴일이다. 이 기간에 순례자들이 아라파트 산에서 내려오는, 공식 하지 시즌의 끝을 알리는 축제가 열린다. 이때도 남녀노소 모두 가장 좋은 옷을 입고 이드 기도를 드린다. 형편이 되는 무슬림은 자신이 기르는 가축 중 가장 좋은 것을 희생제물로 바친다. 주로 양이 쓰이지만 낙타나 소, 염소를 구입해 바치기도 한다. 도살은 엄격한 의식인 다비하에 따라 진행되며 동물이 최소한의 고통을 느끼도록 하는 것을 원칙으로 한다. 전통적으로 피를 모두 빼내는 과정이 있어 서양인들은 다소 충격적으로 느낄 수 있다. 이 행사는 이브라힘이 마르와에서 아들 이스마일을 기꺼이 제물로 바치려 했던 일을 기념한다(유대교 전통에서는 아브라함과 이삭이 모리아 산에서 겪은 일로 전해진다). 희생된 동물의 고기는 세 부분으로 나뉘는데, 3분의 1은 직계가족이 먹고, 3분의 1은 공동체(친척과 이웃)와 나누며, 나머지 3분의 1은 가난한 이들에게 기부한다.

**【 사우디 건국 기념일 - 9월 23일 】**

9월 23일은 1932년 왕국이 설립된 날을 기념하는 건국 기념일이다. 압둘아지즈 빈 압둘 라만 알-파이살 알사우드 국왕이 사우디아라비아의 통일을 선포한 것을 기념한다. 이날이 되면 거리 곳곳에 초록색 사우디 국기가 휘날리고 여기저기서 대규모 야외 축제가 열린다. 가족 단위로 즐길 수 있는 다양한 공연과 음악 행사, 먹거리 축제가 펼쳐진다. 건국 기념일이 평일이면 공휴일로 지정되는데 국왕이 그 전날이나 다음 날을 추가 휴일로 선포하는 경우도 많다.

【 건국일 - 2월 22일 】

2022년 살만 국왕의 칙령으로 새롭게 제정된 공휴일이다. 이 날은 1727년(이슬람력 1139년) 이맘 무함마드 빈 사우드가 디리야의 통치자로 즉위하며 최초의 사우디 국가를 설립한 것을 기념한다. 공휴일로 지정되어 있으며, 2023년에는 군사 에어쇼와 국가의 문화유산을 조명하는 다양한 행사가 열렸다.

【 국기의 날 - 3월 11일 】

2023년에 처음 제정된 또 다른 국경일로 1937년 이븐 사우드가 사우디 국기를 공식 채택한 날을 기념한다.

## 다양한 행사

SNS와 세계화의 영향으로 젊은 사우디 사람들도 이제는 밸런타인데이, 핼러윈, 심지어 크리스마스까지 즐기는 추세다. 물론 크리스마스의 경우, 종교적 의미는 배제하고 축제로만 즐긴다. 과거에는 외국인 가정이 종교 행사를 기념하고 싶을 때 집이나 주거단지 안에서만 조용히 할 수 있었다. 하지만 이제는 쇼핑몰이나 대형 마트에서도 이런 기념일과 관련된 상품들을 공공연히 판매한다.

공공장소의 축제 분위기도 달라졌다. 크리스마스 시즌이 되면 종교색은 없지만 축제 분위기를 물씬 살린 장식을 볼 수 있다. 예를 들어, 예수 탄생 장면 같은 종교적 요소를 갖춘 물품은 없지만 크리스마스트리, 사탕 지팡이, 양말 같은 장식은 찾아볼 수 있다. 부활절도 비슷하게 십자가 같은 종교적 상징물은 전혀 볼 수 없지만 토끼 인형이나 초콜릿 달걀은 찾아볼 수 있다.

### • 관용의 경향 •

2023년 부활절 일요일이 라마단과 겹쳤을 당시, 놀랍게도 리야드 곳곳에서 이프타르 식사와 부활절 만찬이 함께 열렸고 초콜릿 토끼와 알록달록한 달걀이 장식품과 선물로 사용되었다. 또한 2023년 4월에는 영어 일간지 '아랍 뉴스'가 1면에 부활절 특집 기사를 실어 미국의 부활절 전통을 소개하고 사우디에 있는 미국인 주재원들과 그 가족들이 어떻게 부활절을 보내는지 다루기도 했다.

## 미신

사우디아라비아에도 다양한 미신과 전통적 믿음이 있다. 이는 지역마다 매우 다르게 나타나는데 모든 사람이 이를 믿는 것은 아니며, 특히 종교적 근거가 없는 것들은 더욱 그렇다.

중동의 많은 지역과 마찬가지로 사우디에서도 악한 눈을 의미하는 '이블 아이'를 경계한다. 누군가의 질투와 시기로 인해 불운이나 해가 찾아온다는 믿음으로 특히 어린아이들이나 아기들에게 해롭다고 여겨진다. 이를 막기 위해 사람들은 자동차나 상점 창문에 부적이나 호신부를 다는데, 트럭 뒷면에 그려진 외눈 모양이나 백미러와 진열창에 걸어두는 작은 쿠란 두루마리가 대표적이다. 또한 "마샬라(신께 영광을)"라는 말도 악한 눈을 막아준다고 믿어서 누군가의 성공이나 행운을 축하할 때 자주 사용한다.

검은 고양이에 대한 미신도 있다. 많은 사람이 검은 고양이를 불운의 상징으로 여기며 불행이나 질병을 몰고 온다고 믿는다. 이는 검은 고양이를 악마나 사악한 영을 의미하는 '진'과 연관 짓는 이슬람 전통에서 비롯된 것으로 보인다.

사우디아라비아 사람들은 13과 같은 특정 숫자를 불길하게 여긴다. 그래서 13명이 한 테이블에 앉는 것을 피하고, 높은 건물에서 13층을 아예 없애버리는 경우도 흔하다. 13일의 금요일도 불길한 날로 여겨져서 이날에는 중요한 결정이나 모험을 피하는 사람도 많다. 그리고 사우디 사람은 꿈이 상징적이거나 예언적인 의미를 담고 있다고 믿는다. 그래서 해몽가를 찾아가 그 의미를 해석하기도 한다.

사우디 사람은 차에 시동을 걸 때부터 식사를 시작할 때까지, 어떤 일을 시작하기 전에는 "비스밀라(신의 이름으로)"라고 속삭이며 신의 보호를 청한다. 이들은 운명을 뜻하는 '키스멧'을 매우 강하게 믿어서 때로는 지나치게 운명론적으로 보이기도 한다. 모든 것이 신의 뜻대로, '인샬라(신이 원하신다면)' 이루어진다고 믿는 것이다. 하지만 재미있게도 "신을 믿되, 낙타는 묶어두라!"라는 속담도 있다.

## **통과** 의례

### 【출생】

사우디아라비아에서 아이의 탄생은 가족에게 매우 중요한 사건이다. 앞서 보았듯이 사우디 문화는 가족의 가치를 매우 중시하기 때문에 새 생명의 탄생은 축하와 더불어 여러 의식을 치르는 특별한 순간이다. 이런 의식들은 대부분 이슬람의 전통과 가르침을 따르는데 이는 아이와 가족의 영적 건강을 지키기 위한 것이다.

아이가 태어난 후 첫 번째 의식은 아단을 읊는 것이다. 아버지나 가까운 남자 친척이 아기의 오른쪽 귀에 부드럽게 아단을 속삭이는데, 이는 아이를 이슬람 신앙에 입문시키는 의미를 담고 있다. 이 의식은 신생아를 영적으로 보호하고 인도하는 역할을 한다.

**【 아끼까 의식 】**

출생 7일째 되는 날 치르는 아끼까는 중요한 통과 의례다. 가족들은 양이나 염소를 제물로 바치고, 그 고기를 친척, 친구, 이웃들과 함께 나눈다. 이는 새 생명을 선물해주신 알라에 대한 감사의 표현이면서 동시에 축복을 지역 사회와 나누는 뜻깊은 순간이다.

아끼까 의식에서는 전통적으로 아기의 머리카락을 민다. 이는 아기의 몸과 마음을 깨끗하게 하는 상징적인 의미를 지니며 건강한 머리카락이 자랄 수 있도록 돕는다고 여긴다. 특별한 점은 깎은 머리카락의 무게만큼 돈이나 금을 자선단체에 기부하는 것인데, 이를 통해 감사한 마음을 사회에 환원한다.

아이의 이름을 짓는 것도 의식의 중요한 부분이다. 이슬람 전통을 따라 좋은 의미가 담긴 이름을 고르는데 주로 이슬람 역사 속 위대한 인물이나 예언자, 존경받는 종교 지도자들의 이름에서 영감을 얻는다. 이렇게 정성스럽게 고른 이름은 아끼까 의식에서 모두에게 공식적으로 알린다.

### 【 신생아 맞이하기 】

아기가 태어나면 가족과 친구들이 찾아와 축하의 마음을 전한다. 방문할 때는 아기를 위한 선물을 가져오는 것이 관습으로 보통 아기 옷이나 장난감, 금으로 만든 장신구를 선물한다. 이러한 방문은 단순한 예의를 넘어 가족 간의 정을 나누고 새내기 부모에게 힘이 되어주는 소중한 시간이다.

### 【 할례 】

사우디아라비아에서 할례는 남자아이가 거쳐야 할 중요한 통과 의례 중 하나다. 아랍어로 히탄이라고 부르는 이 의식은 이들의 종교와 문화, 사회적 전통 속에 깊이 자리 잡고 있다.

### 할례의 종교적 의미

할례는 신이 이브라힘(아브라함) 예언자에게 아들 이스마일(이스마엘)의 할례를 명했던 때부터 이어져온 종교적 의무다. 유대교처럼 이슬람 신앙에서도 매우 중요한 의식으로, 예언자 무함마드의 언행록인 하디스에서도 이를 강조하고 있다.

### 나이와 시기

할례를 하는 시기는 시대에 따라 변화해왔다. 과거에는 집안 형편이나 지역 풍습, 아이의 건강 상태 등을 고려해 시기를 정했지만 요즘은 대부분 출생 후 4주 이내에 시술받는다. 예전에는 마을에서 경험 많은 어른이나 종교 지도자가 집도했던 것과는 달리 이제는 병원에서 전문의가 부분 마취한 후 안전하게 시술하는 것이 보편적이다.

## 【생일】

사우디아라비아에서 생일 축하는 원래 흔치 않은 문화였다. 전통적인 가정들은 이슬람 교리에 명시된 두 명절, 이드 알-

피트르와 이드 알-아드하만 축하하는 것이 옳다고 여겼다. 그래서 윗세대는 따로 생일을 챙기는 대신 이드 명절에 모여 다 같이 생일을 축하하는 정도였다. 하지만 이제는 분위기가 많이 달라졌다. 세계화와 SNS의 영향으로 생일 축하가 자연스러운 문화로 자리 잡아가고 있다. 해외여행을 다니는 사우디 사람들이 늘어나고, 외국인들의 방문도 잦아지면서 이런 변화는 더욱 빨라졌다. 특히 젊은 세대는 생일을 자신만의 특별한 날로 여기며 친구들과 소중한 추억을 만드는 날로 즐긴다.

사우디의 생일 축하는 주로 집에서 가족들과 함께 맛있는 음식을 먹고 오순도순 이야기를 나누는 소박한 모임으로 열린다. 생일을 맞은 사람에게 따뜻한 축복과 마음이 담긴 인사를 건네며 작은 선물을 주고받는 것으로 서로의 마음을 표현하기도 한다.

최근에는 좀 더 화려한 파티를 여는 경우도 늘고 있다. 음악과 춤이 있는 파티에 다양한 음식과 생일 케이크를 준비하는 식이다. 재미있는 점은 이런 현대적인 파티 문화가 사우디의 전통과 자연스럽게 어우러진다는 것이다. 예를 들어 캅사라는 전통 쌀 요리나 움 알리라는 달콤한 브레드 푸딩 같은 현지 음식을 파티 음식으로 선보인다.

아이들 생일 파티에서는 슈퍼 히어로, 공주님, 인기 만화 캐릭터를 주제로 한 파티가 특히 인기가 많다. 나이가 좀 더 많은 10대나 성인은 세련된 파티 테마를 고르거나 특정 색상이나 디자인으로 분위기를 연출하는 것을 선호한다.

**【졸업식】**

현대 사우디아라비아에서 졸업은 젊은이들의 인생에 새로운 장을 여는 특별한 순간이다. 사우디 정부는 유능한 인재 양성과 사회 발전을 위해 교육에 큰 관심을 쏟기 때문에 졸업은 단순한 개인의 성취를 넘어 국가의 미래를 밝히는 의미 있는 순간으로 받아들여진다.

졸업식은 전통과 현대가 자연스럽게 어우러지는 행사다. 오랜 문화적 가치를 지키면서도 미래를 향한 진보적인 시각이 함께 담겨 있다. 특히 졸업식은 쿠란 구절을 낭송하며 시작되는데, 이는 새로운 발걸음을 내딛는 졸업생들에게 알라의 축복과 인도를 기원하는 뜻깊은 순간이다.

졸업식은 교수진과 졸업생들이 학위 예복을 입고 입장하는 것으로 시작된다. 엄숙하게 진행되는 이 행렬은 졸업이라는 특별한 순간의 의미를 더욱 깊게 만든다.

이어지는 학위 수여식에서는 그동안의 노력이 결실을 의미하는 졸업장을 받게 된다. 학업 성적이 뛰어나거나 학교에 특별한 공헌을 한 학생들은 따로 상을 받기도 한다. 대학 교수진, 성공한 동문, 각계 저명인사들은 축사를 통해 졸업생들에게 미래를 향한 지혜와 조언을 아낌없이 전한다. 이후 전통 사우디 음악과 춤 공연이 펼쳐져 경건했던 분위기가 축제의 장으로 바뀐다.

졸업은 가족 모두가 한자리에 모여 졸업생의 새로운 출발을 축하하는 특별한 시간이다. 보통 집이나 연회장에서 축하 모임을 열어 친척과 친구들을 초대하는데, 정성스럽게 준비한 사우디 전통 음식으로 손님을 대접한다. 하객들도 졸업생을 위한 선물을 정성껏 준비해 온다. 금은 장신구나 최신 전자기기를 선물하거나 현금을 건네기도 한다. 졸업생이 좋아할 만한 것과 주는 이의 경제적 여건에 따라 다양한 선물을 한다.

이 특별한 날을 위해 차려입는 옷차림도 시대에 따라 변화하고 있다. 예전에는 남녀 모두 전통 예복을 입는 것이 일반적이었지만, 요즘은 세련되게 디자인된 졸업가운과 모자를 맞춰 입는 것을 더 선호한다.

【 결혼식 】

사우디아라비아의 결혼식은 단순히 두 사람의 결합이 아닌 두 가문이 하나 되는 것을 기념하는 성대한 축제다. 오랜 세월 이어져온 독특한 결혼 문화는 지역마다 다양한 특색을 보이지만 보통 수백 명의 하객이 참석하는 대규모 행사로 치러진다. 처음으로 결혼식 참석이 예정되어 있다면 그 독특한 문화와 절차를 미리 알아두면 좋다.

결혼은 주로 중매로 이뤄진다. 전통적으로 신랑 측 가족이 적절한 신붓감을 찾아 나서는 것이 첫 단계다. 신랑 측에서 신부의 아버지나 가장 연장자인 남자 친척을 찾아가 정중히 청

춤추며 결혼식을 즐기는 하객들

혼을 하면, 양가는 신랑과 신부의 학력, 경제력, 사회적 지위, 가문의 배경 등을 꼼꼼히 살핀다. 신부 측의 승낙을 받으면 양가는 함께 모여 쿠란의 첫 장인 수라 알-파티하를 읽으며 새로운 인연의 시작을 축복한다.

청혼이 이루어진 후에는 신랑 가족의 여성 어른이 신부 어머니를 찾아가 아들의 청혼 의사를 전한다. 양가가 혼사에 동의하면, 신부는 예비 신랑 앞에서 공식적으로 얼굴을 보이는 자리를 갖게 된다.

알-킷바라고 불리는 약혼식에서는 양가가 한자리에 모여

**• 현대 사우디 사회의 중매결혼 •**

한 사우디 여성의 설명에 따르면, 요즘은 많은 경우 직장이나 사교 모임에서 서로를 이미 알고 지내는 경우가 많다. 결혼을 원하는 남자가 있다면 여성은 자신의 가족 연락처를 전해주고 남자 측 가족이 이를 통해 혼담을 시작하게 된다. "서로를 알고 있더라도, 특히 보수적인 가정에서는 그런 티를 내지 않아요"라고 그녀는 덧붙인다. 이렇게 시작된 혼담을 통해 양가가 동의하면 약혼 단계로 나아간다.

축하하고 선물을 주고받는다. 이때 신랑은 쿠란의 가르침에 따라 신부에게 지참금인 마흐르를 전달한다. 이 선물의 형태나 금액은 가정과 지역, 부족마다 각기 다른데, 보통은 신랑이 신부에게 주는 현금이지만 금이나 부동산이 되기도 한다. 체면을 중시하는 가문에서는 큰 금액을 내놓기도 하지만 최근에는 시대 변화를 반영해 신랑과 신부가 서로 논의해서 상징적인 금액을 정하는 것이 일반적인 추세다.

약혼한 두 사람은 서로의 오른손 검지에 반지를 끼워주며 새로운 시작을 약속한다. 그리고 마크투바인이라고 부르는 약혼식을 통해 양가가 한자리에 모여 결혼식과 관련된 모든 일정을 조율한다. 이 자리에서 각종 행사 날짜를 확정하고 이를 공식적으로 알리게 된다.

약혼식이 끝나면 아크드 알-니카라는 혼인 계약 단계로 넘어간다. 이는 결혼식과 혼인 신고가 동시에 이루어지는 중요한 자리로 지참금 계약도 함께 진행된다. 먼저 이슬람 성직자인 이맘이 배우자에 대한 존중과 결혼의 종교적 의미를 설명하는 짧은 설교를 한다. 그런 다음 신랑과 신부가 증인들 앞에서 법적 서류에 서명하면서 공식적인 부부가 된다. 이 의식은 전통적으로 신랑이나 신부의 집에서 열리지만 요즘은 모스크나 법원에서 진행하기도 한다.

헤나 파티라고도 불리는 굼라는 신부, 여성 가족들 그리고 친구들이 함께하는 결혼 전 특별한 축하 행사다. 수백 년의 역사를 가진 이 전통은 본래 가족들의 소박한 모임이었지만 현대에 와서는 서양의 처녀 파티를 닮은 화려한 행사로 발전했다. 오늘날에는 멋지게 꾸며진 장소에서 아름다운 드레스를 차려입고 음악과 함께 즐기는 축제로 여겨진다.

결혼식 전날 밤에 열리는 이 파티에서는 신부의 여자 친척들과 친구들이 한자리에 모여 맛있는 음식을 나누고, 여성 연주자들의 음악에 맞춰 춤을 추며 즐거운 시간을 보낸다. 파티의 가장 중요한 순간은 헤나를 그리는 시간이다. 전문 여성 헤나 아티스트가 신부와 하객들의 손바닥과 발에 정교한 헤나 문양을 그려 넣는다.

신랑 측도 별도의 축하 행사를 연다. 가까운 남자 친구나 가족이 의식처럼 신랑의 얼굴을 면도해주는 것으로 시작해 남자 친척들과 친구들이 전통 음악에 맞춰 흥겹게 춤을 추며 즐긴다. 이 축하 행사가 끝나면 신랑은 신부를 찾아가 마흐르를 전달한다.

전통적 굼라든, 현대적 굼라든, 신부는 반드시 정교한 자수가 놓인 전통 예복 잇티얍을 입는다. 신랑 또한 전통 의상인 토브를 차려입는 것이 관례다.

사우디아라비아의 결혼식은 그 화려함과 장엄함으로 유명하다. 주로 웅장하게 꾸며진 연회장이나 호화로운 호텔에서 열리는데 보통 밤 10시경에 시작해 자정 무렵 신부가 입장하면서 절정을 맞는다. 축하 행사가 시작되면 남녀는 각각 다른 홀에 모여 풍성하게 차려진 음식과 음료를 즐긴다. 라이브 밴드의 음악에 맞춰 하객들은 때로는 새벽까지 춤추며 즐긴다. 신랑과 신부는 마치 왕과 왕비처럼 연회장 정면에 앉아 하객들의 건배와 함께 축하를 받는다. 결혼식의 중요한 순간 중 하나는 두 사람이 약혼반지를 오른손 검지에서 왼손 약지로 옮기는 것인데 이는 이제 정식으로 부부가 되었음을 의미하는 상징적인 순간이다.

반지를 교환한 후에 현대 사우디 결혼식에서는 신랑과 신부의 첫 춤으로 본격적인 축하 행사가 시작된다. 이후 하객들도 무대에 합류하는데, 남녀는 각각 다른 연회장에서 따로 춤을 춘다.

여성들이 한쪽 연회장에서 춤추며 즐기는 동안 남성들은 전통 춤인 아르다를 춘다. 이 춤은 지역마다 조금씩 다른 형태를 보이는데 일반적으로 남성들이 두 줄로 서서 어깨를 맞대고 마주 보며 긴 칼을 들고 북소리와 시 낭송에 맞춰 움직인다. 그리고 북소리의 리듬에 맞춰 칼을 올렸다 내렸다 하는 것이 특징이다. 아르다 춤은 원래는 전투 전 전사들의 사기를 높이기 위해 추던 춤으로 사우디 문화에서 깊은 역사를 지니고 있다. 지금은 종교 행사나 출산 축하, 졸업식 등 다양한 기념행사에서 볼 수 있다.

요즘 신부들은 대개 섬세한 레이스 장식이 돋보이는 서양식 흰색 웨딩드레스를 선택한다. 반면 신랑은 발목까지 내려오는 긴 소매의 전통 예복인 흰색 토브를 입는다. 여기에 금색 장식이 달린 검은색 긴 망토 비시트를 걸친다. 이 비시트는 특별한 의미가 있는 옷이라 왕족이나 성인만 입을 수 있으며 축제나 특별한 행사 때에만 착용할 수 있다.

결혼식의 하이라이트는 왈리마라고 불리는 성대한 잔치 음식이다. 하객 누구 하나도 배고프지 않을 만큼 풍성하고 화려한 음식들이 가득 차려진다. 왈리마의 주요 메뉴로는 어린 낙타나 통째로 구운 양고기가 올라오는데 이는 특별한 날에만 맛볼 수 있는 진미로 여겨진다. 이런 음식들은 오랜 부족 전통에서 이어져온 것으로 항상 밥과 납작한 빵이 함께 제공된다.

또한 다양한 샐러드와 반찬들도 뷔페식으로 차려져 하객들이 취향대로 골라 먹을 수 있다. 목을 축이기 위한 음료로는 과일로 만든 무알코올 칵테일과 전통 아랍 커피가 무제한으로 제공되며, 디저트 코너에는 대추야자, 각종 과자류, 초콜릿 등 달콤한 디저트가 풍성하게 준비된다.

**【장례식】**

이슬람의 전통에서는 고인에 대한 예의를 다하기 위해 돌아가신 후 24시간 안에 매장을 하는 것이 원칙이다. 하지만 멀리서 사는 친척들이 마지막 작별 인사를 할 수 있도록 시신을 조금 더 오래 모시기도 한다. 누군가가 유명을 달리하면 가족들과 가까운 지인들이 고인 곁으로 모여들어 기도를 올리고 슬픔을 나눈다. 고인의 눈을 조심스레 감기고 깨끗한 천으로 시신을 정성스럽게 덮는다. 이때가 영혼이 육신을 떠나는 순간이라 여겨져 이슬람 신앙 고백인 샤하닷을 함께 읊는 것이 관례다. 이 모든 절차는 이슬람의 전통에 따라 남녀가 따로 진행된다. 여성은 집의 한 공간에서, 남성은 다른 공간에서 각각 조문한다.

이슬람 장례 절차에 따라 먼저 고인의 시신을 매장할 준비를 한다. 구슬이라는 의식에 맞춰 시신을 정성스럽게 씻는데, 이때 여성 고인은 여성이나 고인의 남편만, 남성 고인은 남성만 진행할 수 있다. 보통은 가까운 가족이나 모스크에서 자원봉사를 하는 시신 세척 담당자가 이 일을 맡는다.

씻는 의식이 끝나면 카판이라는 흰 천으로 수의를 입힌다. 이슬람 원칙에 따라 수의를 입힐 때는 고인의 머리를 몸과 별도로 감싸주어야 한다.

장례식의 핵심 절차인 살라트 알-자나자는 장례 기도를 드리는 의식이다. 보통 지역 모스크에서 진행되며 남녀가 따로 기도에 참여한다. 이맘이 의식을 인도하여 쿠란 구절을 낭독하고 고인을 위한 기도를 올린다.

장례 기도가 끝나면 장례 행렬을 지어 고인을 묘지로 모신다. 행렬은 주로 도보로 이뤄지며, 가까운 남자 친척이나 친구들이 시신이 놓인 받침대를 든다. 운구 행렬의 일원이 되는 것은 큰 영광으로 여겨진다. 묘지로 향하는 동안 조문객들은 기도문과 쿠란 구절을 읽는다. 전통적으로 매장 의식에는 여성이 참여하지 않으며 남성만 참여할 수 있다.

묘는 고인의 얼굴이 메카의 카바 신전을 향하도록 자리를 잡는다. 관을 사용하지 않고 시신을 오른쪽으로 눕혀 안치한

다음, 흙이 직접 닿지 않도록 나무판이나 돌을 덮어준다. 이후 흙으로 매장을 마무리하고, 묘의 위치를 표시하기 위해 장식 없는 단순한 묘비를 머리맡에 세운다.

매장이 끝나면 유가족들은 이다라는 애도 기간을 가진다. 특히 고인의 아내는 4개월 10일 동안 화려한 옷과 장신구를 착용하지 않고 화장도 하지 않는다. 다른 가족들은 보통 3일 정도 애도 기간을 갖는데 이 시기에는 친지들이 찾아와 유가족을 위로하고 함께 슬픔을 나눈다.

# 04

# 친구 사귀기

많은 사우디인은 서양인과 친구가 되는 것에 개방적인 태도를 보인다. 다만 이러한 친구 관계를 형성하는 데는 시간이 필요한데, 가장 좋은 방법은 따뜻한 태도로 그들이 먼저 다가올 때까지 기다리는 것이다. 사우디인들이 즐겨 인용하는 오래된 격언인 "인내는 미덕이다"라는 말은 여전히 통용된다.

사우디 사람은 가족 다음으로 친구와의 관계를 가장 중요하게 여긴다. 대부분 학창 시절에 만난 친구들과 평생 우정을 이어 가는 경우가 많은데 남녀 분리 교육으로 인해 같은 성별 친구들과 매우 깊고 특별한 우정을 쌓게 된다. 하지만 최근에는 사회적 분위기가 변화하면서 특히 도시의 젊은 층을 중심으로 이성 친구 관계도 자연스럽게 형성되고 있다. 가족을 중시하는 문화 특성상 대가족 내에서도 친밀한 친구 관계가 만들어지며, 친구 사이에 서로를 '자매' 또는 '형제'라고 부르며 애정을 표현하기도 한다. 다만 결혼을 하고 가정을 이루게 되면 생활 방식이 달라지면서 친구 관계가 자연스레 소원해지기도 한다.

한편 성인이 되어 맺는 친구 관계는 조금 다른 양상을 보인다. 주로 후원자와 수혜자 같은 관계로 발전하거나, 직장인 사이에서는 나이 차이를 넘어 멘토와 멘티처럼 서로 배우고 이끌어주는 관계를 맺는 것이 일반적이다.

많은 사우디인은 서양인과 친구가 되는 것에 개방적인 태도를 보인다. 다만 이러한 친구 관계를 형성하는 데는 시간이 필요한데, 가장 좋은 방법은 따뜻한 태도로 그들이 먼저 다가올 때까지 기다리는 것이다. 사우디인들이 즐겨 인용하는 오래된 격언인 "인내는 미덕이다"라는 말은 여전히 통용된다.

한번 맺어진 친구 관계는 쉽게 깨지지 않는다. 서구에서라면 친구 관계가 끝날 만한 심각한 실망이나 배신을 겪더라도 사우디에서는 그 관계가 계속 이어지곤 한다. 이것이 바로 사우디아라비아의 독특한 특징이다. 친구 사이에 어떤 잘못이 있더라도 그저 시간이 지나면 자연스레 잊힌다. 서로 마음이 상한 뒤 적당한 시간이 흐르면 마치 아무 일도 없었던 것처럼 다시 포용하고 용서하며 관계가 회복되는 것이다.

친구와의 의리는 말보다는 행동으로 나타나며 오래 지속되는 우정은 매우 소중하게 여겨진다. 이미 깊이 맺어진 친구 관계는 새로운 지인이나 단순한 사업적 관계보다 거의 항상 우선시된다.

## 사우디인과의 만남

사우디인은 외국인에 대해 호기심이 많은 편이다. 특히 외향적인 성격의 사람은 공공장소에서 먼저 다가와 어느 나라에서 왔는지 물어보곤 하는데 이런 대화는 보통 환한 미소와 함께 "사우디에 오신 것을 환영합니다"라는 인사로 마무리된다.

해외 유학이나 사업 경험이 있는 활발한 성격의 사람들은 대화를 더 이어가고 싶어 하며 직장에서라면 자연스럽게 친분을 쌓거나 친구 관계로 발전하기도 한다. 이런 관계의 발전은 고국에서처럼 서로의 태도에 따라 달라진다. 성인 사우디인은 새로운 친구 관계를 맺을 때 주로 후원자-수혜자 형태를 띠는데 지위나 나이, 경제력이 더 있는 사람이 상대방의 신뢰에 대한 보답으로 돌봐주는 방식이다. 이러한 문화적 특성 때문에 외국인 직원도 상사와 좋은 관계가 형성되면 비슷한 관계로 발전하게 된다.

이성 간의 만남에서는 특별한 주의와 배려가 필요하다. 특히 서양 남성은 사우디 여성이 매우 보수적일 수 있다는 점을 항상 염두에 두어야 한다. 친절이나 감사의 표시라 해도 어깨를 살짝 두드리는 것조차 삼가야 하며, 실수로라도 신체 접촉을 하지 않도록 주의해야 한다. 반면 서양 여성들의 경우 사우디 남성들의 예의 바른 태도에 놀라곤 한다. 실제로 많은 여성이 사우디에서는 남성이 보여주는 존중과 이성 간에 지켜지는 적절한 거리 덕분에 오히려 본국보다 더 안전하다고 느낀다. 가끔 호기심 어린 시선이나 친근한 눈빛을 마주칠 수는 있지만, 여성의 몸을 훑어보거나 뚫어지게 쳐다보는 등의 행동은 거의 볼 수 없다. 이는 그런 행동이 매우 무례할 뿐만 아니라 여성의 명예를 훼손하는 것으로 여겨지기 때문이다.

외국인이 흔치 않은 지역에서는 지방 고위 공직자들이 손님의 안전과 복지에 특별한 책임감을 느낀다. 이들은 그 지역을 대표해 손님을 따뜻하게 맞이하고, 때로는 체류하는 동안 안전하게 지낼 수 있도록 자신의 집으로 초대하는 경우도 있다.

사우디인은 과거 많은 외국인이 단순히 돈을 벌고 통장을 채운 뒤 떠나기 위해서만 사우디를 찾았다는 사실을 매우 안타깝게 생각한다. 당시에는 사우디 문화에 진정한 관심을 보이는 외국인이 거의 없었다. 하지만 지금은 상황이 많이 달라져서 각종 제한이 완화되어 사우디 사회와 더 쉽게 교류할 수 있게 되었다. 그래도 사우디에 온 이유가 무엇이든 돈 이야기를 너무 많이 하는 것은 현명하지 않다. 특히 사업을 하고자 한다면 지역 사회 봉사활동이나 젊은이들의 멘토링 같은 방식으로 사우디 사회에 공헌하면 새로운 기회의 문이 열릴 가능성이 크다.

사우디인은 비교적 쉽게 마음을 여는 편이지만 진정으로 그들의 마음을 얻고 싶다면 그들의 문화에 진심 어린 관심을 보여주는 것이 가장 좋다. 이러한 진정성 있는 노력은 몇 배의 보답으로 돌아올 것이다.

## 인사

사우디인의 인사법은 다소 독특하다. "어떻게 지내세요?"라는 안부를 무려 세 번씩이나 다른 방식으로 물어본다. 예를 들면 "잘 지내시나요?", "모든 게 다 순조롭나요?" 같은 식이다. 그리고 매번 상대방의 대답을 진지하게 기다리며 경청하는 모습을 보인다. 이는 대답을 기대하지 않고 형식적으로 "잘 지내요?" 라고 던지듯 묻는 서양의 인사법과는 매우 다른데 특히 고향을 떠나 있는 사람들에게는 매우 따뜻한 위로가 된다. 더불어 남녀 모두가 상대방을 '자매' 혹은 '형제'라고 다정하게 부르면서 사우디 생활은 어떤지 관심 있게 묻고 어려운 일이 있으면 언제든 연락하라며 진심 어린 마음을 전한다.

사우디 남성은 악수 문화를 매우 중요하게 여긴다. 만나고 헤어질 때마다 서로 단단히 악수를 나누는 것이 기본이다. 전통을 중시하는 사우디인은 악수를 한 뒤 가슴에 손을 얹는 예를 갖추는데 방문객도 이를 따라 하는 것이 예의 바르다고 여겨진다. 반면 해외 유학파처럼 서구화된 사우디인은 이런 전통적인 인사법을 잘 쓰지 않는다. 그래서 새로 만난 사람의 행동을 살펴보고 그대로 따라 하는 것이 가장 안전하다. 친한 사우디 남성끼리는 볼에 키스하며 인사를 나누기도 하지만 이는 자신들만의 독특한 문화라는 점을 잘 이해하고 있기 때문에 꼭 이 인사법을 따를 필요는 없다.

서양 남성의 경우, 잘 모르는 사우디 여성에게 먼저 악수를 청하지 않는 것이 좋다. 대신 상대방이 먼저 손을 내밀 때까지 기다리는 것이 예의다. (특히 길거리에서 여성과 악수하려는 시도는 절대 삼가야 한다!) 이는 외국 여성에게도 똑같이 적용되는 규칙이다. 사우디 남성에게 먼저 악수를 청하기보다는 상대방이 먼저 손을 내밀 때 원한다면 악수에 응하면 된다. 다만 최근에는 사우디인도 외국인과의 이성 간 악수를 점점 더 자연스럽게 받아들이는 추세다.

사우디아라비아의 공식 인사말은 "앗살라무 알라이쿰"으로, "평화가 당신에게 깃들기를"이란 의미다. 이때 상대방은 "당신에게도 평화가"라는 뜻의 "와 알라이쿰 앗살람"으로 답한다. 하지만 공들여 연습한 아랍어 인사를 건넸는데 상대방이 오히려 영어로 "안녕"이라고 대답하는 경우도 있으니 당황하지 말자.

| 사우디아라비아의 주요 인사말과 단어 | |
|---|---|
| **아랍어** | **의미** |
| Assalamu Alaikum<br>대답 : Wa alaikum assalam | 당신에게 평화가 있기를 (인사)<br>당신에게도 평화가 있기를 (응답) |
| Marhaba | 안녕하세요! |
| Saba-hul-khair<br>대답 : Saba-hul-noor | 좋은 아침입니다 |
| Masa-hul-khair<br>대답 : Massa-hul-noor | 좋은 저녁 되세요 |
| Massalama | 안녕히 가세요 |
| Insha'Allah | 알라의 뜻대로 |
| Masha'Allah | 알라를 찬양합니다 / 와! |
| Alhamdulliah | 알라께 감사드립니다 |
| Bokra | 내일 ('이른' 또는 '아침'을 의미하기도 함) |
| Walla (또는 Wallahr) | 맹세합니다! |
| Yalla | 가자/어서 |
| Khalas | 그만/멈춰 |
| Ya'ani | 제 말은… |
| Shukran | 감사합니다 |
| Mafi mushkila | 괜찮습니다 |
| Alatool | 지금 당장! |

더 친근하게 인사하고 싶을 때는 “마르하바”나 “아흘란”을 쓸 수 있다. 이는 “환영합니다”라는 뜻의 “아흘란 와 사흘란”을 줄인 말로 직역하면 “내 집과 가족이 당신을 위해 있다”라는 의미가 있다.

## 환대와 초대

사우디아라비아에 머물다 보면 식당이나 누군가의 집으로 초대받는 경우가 생길 수 있다. 이때 다른 약속이 있어 다음을 기약할 수 있는 상황이 아니라면 초대를 거절하는 것은 상대방의 기분을 상하게 할 수 있으니 주의해야 한다. 물론 심한 사회 공포증이 있는 경우라면 사우디 지인들이 대부분 이를 눈치채고 상황을 이해해줄 것이다. 그렇지 않다면 초대에 기꺼이 응하는 것이 바람직하다.

식당에서 식사하면 초대한 사람이 계산하는 것이 원칙이다. 사우디인은 손님을 대접하는 것을 매우 자랑스럽게 여기기 때문에 더치페이를 하거나 자신의 몫을 내려고 하면 오히려 실례가 될 수 있다. 대신 나중에 기회를 만들어 사우디 친구를 다시 초대해 그들의 호의에 보답하는 것이 좋다.

【도착 후】

다른 사람의 집에 초대받으면 사우디인의 환대 문화를 생생하게 경험할 수 있다. 하지만 사람마다 손님을 맞이하는 방식이 매우 다양하기 때문에 특정한 예절이나 의식을 미리 정해두기보다는 상황을 보며 자연스럽게 대처하는 것이 현명하다. 기본적인 예의를 지키되 잘 모르는 부분이 있다면 편하게 물어보면 된다. 게다가 사우디 사람은 손님의 문화적 배경을 충분히 이해하고 배려해주기 때문에 지나치게 긴장할 필요는 없다. 선물은 굳이 준비하지 않아도 되지만 가져간다면 흔쾌히 받을 것이다. 무엇을 가져가면 좋을지 고민된다면 달콤한 디저트나 간식을 추천한다. 특히 자국의 유명한 초콜릿 세트 같은 것이 있다면 더할 나위 없이 좋다. 다만 선물을 고를 때는 알코올이나 돼지고기 젤라틴이 포함되지 않았는지 반드시 확인해야 한다.

외국인들이 방문하게 되는 대부분의 사우디 가정은 서양식 가구를 사용하는데, 주로 '시리아 바로크'라 불리는 화려한 스타일이 특징이다. 방문 시에는 몇 가지 기본 예절만 기억하면 된다. 주인이 신발을 신고 있지 않다면 집에 들어갈 때 신발을 벗어야 하고, 쿠션에 앉을 때는 발바닥이 다른 사람을 향하지 않도록 조심해야 한다. 또한 무언가를 대접받았을 때는 받아들이는 것이 예의다.

집에 도착하면 대개 카흐와를 대접받게 되는데, 이는 볶지 않은 커피 원두와 향신료로 만든 향긋한 커피를 작은 잔에 담아서 내는 전통 음료다. 한두 잔 마신 뒤 더는 마시고 싶지 않을 때는 잔을 좌우로 살짝 흔들어 의사 표시를 하면 된다.

예전 사우디 가정에는 마즐리스라는 응접실이 있어서 남성이 따로 모여 담소를 나눌 수 있었다. 보통 집 옆이나 뒤쪽에 별도의 입구가 있었던 이 공간은 현재도 많은 집에서 찾아볼 수 있다. 하지만 요즘은 남녀가 함께 어울리고 식사하는 것이 자연스러워졌기 때문에 특히 대도시에서는 점차 사라지는 추세다. 부부가 함께 초대받은 경우에도 예전에는 식사 시간에 남녀가 분리되는 것이 일반적이었지만 최근에는 그런 경우가 많이 줄어들었다.

### 【식사】

어느 정도 앉아서 이야기를 나누다 보면 저녁 식사가 나온다. 다양한 음식이 나오지만 보통은 구운 고기와 바비큐, 그리고 빼놓을 수 없는 캅사가 푸짐하게 준비된다. 캅사는 인도의 비리야니처럼 향신료로 맛을 낸 밥과 고기를 함께 요리한 음식이다. 어떤 음식이 낯설어 먹는 방법을 모르겠다면 주인의 식사하는 모습을 살짝 살펴보고 따라 하면 된다. 음식은 항상 넉넉하게 준비되니 맛있게 즐기되 배부르면 자연스럽게 수저를 놓으면 된다. 주인이 예의상 더 먹으라고 권할 수 있지만 무리하게 강요하지는 않는다. 세계화와 SNS의 영향으로 사우디에서도 글루텐 프리, 키토제닉, 비건 등 다양한 식습관에 대한 인식이 자리 잡았기 때문에 음식 알레르기가 있거나 특별한 식단을 지켜야 하는 경우에도 간단히 설명하고 정중히 거절하면 충분히 이해해준다.

예전 아랍인은 오른손으로만 식사했는데 이는 왼손은 개인 위생용으로 따로 사용했기 때문이다. 하지만 지금은 많은 사우디인, 특히 외국인을 초대하는 이들은 식탁에 앉아 수저를 사용한다. 식사 예절을 잘못 지키지는 않을까 너무 걱정하지 않아도 된다. 주인은 손님의 편안함과 자신의 역할에 더 신경 쓰느라 크게 개의치 않을 것이다.

식사는 보통 꽤 오랜 시간 동안 이어지다가 다양한 디저트로 마무리된다. 사우디인은 이야기하기를 좋아해서 손님은 주인이 들려주는 재미있는 일화들을 들으며 즐겁게 시간을 보낼 수 있다. 한국이나 일본처럼 엄격한 사회적 예절이 있는 나라들과는 달리 훨씬 더 편안한 분위기이니 너무 긴장하지 않아도 된다. 다만 대화는 주인이 주도하도록 하는 것이 좋은데 대부분의 사우디인은 듣는 것보다 이야기하는 것을 더 좋아하기 때문이다.

식사가 끝난 후에는 긴 대화가 이어지지 않기 때문에 식탁이 정리되면 귀가할 시간이라고 생각하면 된다.

### • 사우디에서 친구 만들기 - 현지인과 관계 쌓는 법 •

사우디아라비아에서 일하거나 장기 체류하는 외국인이라면 현지인과 좋은 관계를 맺는 방법을 알아두는 것이 좋다.

- 무엇보다 직접 얼굴을 마주하고 시간을 보내는 것이 가장 중요하다. 직장에서는 업무 시작 전이나 중간에 커피를 마시자거나 점심 또는 저녁을 함께하자는 제안을 받게 되는데 이런 자리야말로 서로를 알아가고 친밀감을 쌓을 수 있는 좋은 기회다.

- 사우디인은 상대방의 진면목을 알게 될 때 비로소 유대감을 느낀다. 그렇기 때문에 업무적인 모습에만 머물지 말고 자연스럽게 성격과 개성을 보여주는 것이 좋다.
- 공통점과 비슷한 관심사를 찾아보는 것도 중요하다. 좋아하는 식당이나 응원하는 스포츠팀처럼 간단한 것에서부터 시작할 수 있으니 상대방의 관심사를 알아보도록 하자.
- 사우디인은 대체로 축구 이야기를 매우 좋아하는데, 특히 크리스티아누 호날두가 사우디에서 활동하게 되면서 축구는 더욱 환영받는 대화 주제가 되었다. 여행도 좋은 대화 소재가 된다. 사우디 국내여행이든 해외여행이든 특히 사우디인이 꿈꾸는 여행지를 가본 경험이 있다면 더욱 좋다. 음식이나 자동차 이야기도 부담 없이 대화를 나눌 수 있는 주제이며 사우디의 미래 발전 계획인 비전 2030에 관한 대화도 환영받는다.
- 예의 바른 태도를 보여주는 것도 사우디인들의 마음을 얻는 데 도움이 된다. 사우디아라비아에서는 특히 인내심, 유연성, 그리고 이해심이 중요하며 겸손도 매우 높이 평가되는 덕목이다. 물론 자신의 전문성과 노하우, 신뢰성을 보여주는 것도 중요하지만 이를 오만하지 않게 표현하는 것이 핵심이다.
- 칭찬과 감사의 표현을 아끼지 않는 것도 좋은 관계를 만드는 중요한 방법이다. 상대방의 장점을 진심으로 알아주고 도움을 받았을 때는 감사의 마음을 표현하면 자연스럽게 관계가 더욱 돈독해진다.

- 사우디아라비아는 기본적으로 계층 질서가 분명한 사회다. 이러한 사회적 질서와 규범은 직장이든 일상이든 늘 지켜야 하며 이를 무시하면 오히려 불이익을 받을 수 있다. 특히 의사결정 과정에서는 충분한 인내심을 가지고 기다리는 것이 중요하다. 빠른 결과를 위해 강하게 밀어붙이는 데 익숙한 외국인들은 이런 습관을 바꿀 필요가 있다. 사우디에서는 강압적인 태도보다는 외교적 수완, 매끄럽게 대화를 이끌어가는 능력, 그리고 인내심을 가질 때 더 좋은 결과를 얻을 수 있다.

## 데이트와 결혼 문화

사막에서 사랑이 피어나는 순간 알아두어야 할 점들이 있다. 사우디에서는 전통적으로 가문 간의 중매를 통해 결혼이 이루어지기 때문에 공식적으로는 데이트가 허용되지 않는다.

이성과 친구로서 공공장소에서 만나는 것 자체는 크게 문제가 되지 않는다. 하지만 그 관계가 발전하여 결혼까지 생각하게 된다면 많은 법적 절차와 조건을 반드시 거쳐야 한다. 결혼 규정은 사우디 남성과 외국 여성의 결혼인지, 사우디 여성과 외국 남성의 결혼인지에 따라 다르며, 수입, 나이, 건강 상태 등의 조건과 함께 정부의 승인이 필요하다. 구체적으로 살펴보면, 사우디 남성이 외국 여성과 결혼하려면 최소 40세 이상이어야 하고, 월급이 3,000SAR 이상이어야 하며, 새 신부와 함께 살 집이 마련되어 있어야 한다. 한편 사우디 여성이 외국 남성과 결혼할 경우, 여성은 최소 25세 이상이어야 하고 두 사람의 나이 차이가 30년을 넘지 않아야 한다. 외국 남성은 사우디 아내와 자녀들의 생활을 책임질 수 있는 경제력이 있어야 하고 아랍어를 할 줄 알아야 하며 이슬람교로 개종해야 한다. 이런 상황에 놓이게 된다면 모든 법적 요건을 미리 꼼꼼히 알아보고 정해진 절차를 차근차근 밟는 것이 좋다.

# 05

# 개인과 가정생활

사우디아라비아에서 가장 중요한 사회적 가치는 바로 가족이다. 가족은 개인의 정체성을 형성하는 근간이자 충성의 대상이기도 하다. 사우디인은 마치 국가 간 동맹을 맺듯이 가문 간에 공통의 관심사와 생활 방식을 바탕으로 관계를 맺는다. 그리고 대부분의 사회 활동 역시 이 테두리 안에서 이루어진다.

사우디아라비아에서 가장 중요한 사회적 가치는 바로 가족이다. 가족은 개인의 정체성을 형성하는 근간이자 충성의 대상이기도 하다. 사우디인은 마치 국가 간 동맹을 맺듯이 가문 간에 공통의 관심사와 생활 방식을 바탕으로 관계를 맺는다. 그리고 대부분의 사회 활동 역시 이 테두리 안에서 이루어진다.

가족 경영 기업이 많은 것도 이런 특징을 잘 보여주는데 이는 대가족 구성원들을 위한 든든한 안전망과도 같은 역할을 한다. 기업의 규모가 어떤가와 관계없이, 사우디아라비아의 많은 사람들은 친족에게 일자리를 제공하는 것을 당연히 해야 할 도리로 여긴다.

대가족의 수장은 보통 가장 연장자인 남성이 맡게 되며, 나이는 매우 중요한 존중의 기준이 된다. 사우디아라비아의 가족들은 대개 많은 자녀를 둔다. 그래서 사우디 도로에서는 대가족이 함께 탈 수 있는 대형 SUV를 쉽게 볼 수 있다. 그리고 이러한 차량들은 대부분 사생활 보호를 위해 뒷창문을 짙게 선팅한 것이 특징이다.

전통적인 사우디 건축 양식

## 주거 환경

**【주거 형태】**

제다의 구시가지를 돌아다니다 보면 여전히 전통 양식의 정교한 격자무늬 베란다를 볼 수 있어서 고풍스러운 매력과 분위기를 느낄 수 있다. 하지만 최근에는 곳곳에서 개발이 진행되면서 사우디아라비아의 많은 지역이 완전히 새로운 모습으로 탈바꿈하고 있다.

현대 도시의 주거 형태는 매우 다양하다. 왕족들의 거대한 궁전은 넓은 대지 위에 자리 잡고 있고, 부유층은 널찍한 빌라

리야드 술레이마니아 지역의 주거단지와 아파트 전경

나 호화로운 맨션형 아파트에서 산다. 반면 거리를 따라 늘어선 상점이나 패스트푸드점 위층으로는 소형 서민 아파트들이 있다. 대리석은 구하기 쉽고 비교적 저렴해서 건축 자재로 널리 사용된다.

사우디에서는 프라이버시가 매우 중요하다. 그래서 집 대부분은 외부인의 시선을 완벽히 차단하기 위해 거울처럼 반사되는 유리나 짙은 선팅을 한 창문을 사용하고, 집 전체를 담장으로 둘러싼다. 이는 특히 가족들, 그중에서도 여성들이 낯선 이들의 시선으로부터 자유롭게 지낼 수 있도록 하기 위해서다. 담장 안에서 가족들은 자유롭게 생활할 수 있다. 집 내부는 보통 남성과 여성의 생활 공간이 분리되어 있는데, 이러한 분리의 정도는 가정마다 다르다.

또 대부분 집에 응접실이 있다. 세 면의 벽을 따라 설치된 쿠션이 달린 긴 의자에서 주인과 손님이 편하게 앉아 차와 커피, 디저트를 즐기거나 시샤(물담배)를 피울 수 있는 곳이다. 요즘은 서양식 테이블과 의자가 있는 별도의 식사 공간을 마련한 경우가 많다. 또한 많은 사우디 가정에서는 필리핀이나 인도네시아, 아프리카 출신의 외국인 보모나 가정부를 고용하는데 가족이 많을수록 더 많은 도움의 손길이 필요해 고용 인원도 늘어나는 편이다.

## 일상생활

사우디의 일상은 직장과 가족, 그리고 종교적 의무를 중심으로 돌아가며 여기에 날씨도 큰 영향을 미친다. 하루 다섯 번의 기도 시간이 되면 모든 일상이 잠시 멈춘다. 첫 기도 소리가 들리면 상점과 식당은 문을 닫는다. 이처럼 시계가 아닌 기도 시간이 하루의 리듬을 만들어간다. 정오 기도인 주흐르와 일

타이프의 다양한 신선 농산물 판매대

몰 기도인 마그립 사이에는 도시가 한동안 조용해진다. 1년 중 대부분이 한낮의 더위가 너무 강해 외출이 어렵기 때문인데 이때는 사람들 대부분이 시원한 에어컨 바람이 나오는 실내에서 시간을 보낸다.

도시가 다시 활기를 띠기 시작하는 건 마그립 이후부터다. 해가 지고 날씨가 선선해지면 가족들이 하나둘 쇼핑이나 식사를 위해 밖으로 나온다. 특히 일몰 후 90분이 지난 마지막 기도인 이샤 이후에는 거리가 더욱 북적인다. 이때 사람들은 대부분 가족과 함께 집에서 저녁을 먹고 산책하러 나가거나 아니면 이 시간에 맞춰 식당을 찾아 외식을 즐긴다.

사우디를 처음 방문하는 외국인은 이런 독특한 일상의 흐름에 적응하고 이에 맞춰 계획을 세워야 한다. 특히 쇼핑몰을 찾을 때는 저녁 시간대에 두 번, 각각 30분씩 진행되는 기도 시간을 고려해야 하는데 많은 외국인이 이 시간을 활용해 미리 준비해 온 책을 읽으며 시간을 보낸다. 기도 시간을 효율적으로 관리하고 싶다면 휴대폰에 알림 앱을 설치하는 것도 좋은 방법이다.

**【생활용품】**

사우디의 대형 마트는 미국처럼 규모가 크고 다양한 수입 식품을 갖추고 있다. 타미미, 판다, 까르푸, 다누브, 룰루 등이 대표적인 대형 마트 체인으로 퀘이커 오트밀부터 햇볕에 말린 토마토까지, 돼지고기를 제외한 거의 모든 제품을 합리적인 가격에 구입할 수 있다. 신선한 고기, 채소, 절임류, 치즈, 대추야자, 과자류 같은 전통 식재료는 재래시장인 수크가 더 저렴하고 품질도 좋은 편이다. 동네마다 있는 작은 가게인 바칼라에서는 통조림이나 포장 식품 같은 기본적인 생필품을 살 수 있으며, 그 밖의 다른 생활용품도 품질이나 원산지와 관계없이 쉽게 구할 수 있다.

최근에는 많은 사우디인이 인스타샵, 나나, 닌자, 자헤즈, 까르푸 같은 앱으로 식료품을 주문하는 것을 더 선호한다. 이러한 배달 서비스는 코로나 시기를 거치며 크게 성장했고, 지금도 새로운 앱들이 계속 등장하고 있다. 어떤 앱이 가장 좋은지는 지역마다 다르므로 현지인들에게 물어보고 사용하는 것이 좋다.

## 사회생활

사우디인은 가까운 사람들과의 친밀한 모임을 매우 중요하게 여긴다. 이런 모임은 차와 시샤를 즐기며 편하게 이야기를 나누는 소소한 자리일 수도 있고, 영향력 있는 사람들의 경우 마즐리스라는 조금 더 격식 있는 모임을 통해 사회 현안을 논의하기도 한다. 주말과 저녁 시간은 대부분 가족과 함께 보내는데 피크닉을 즐기거나 가족 전용 놀이공원에서 시간을 보내기도 하고, 때로는 집에서 푸짐한 식사를 함께하며 가족의 정

을 나눈다.

최근에는 친구들과의 편한 모임 장소가 레스토랑이나 카페로 옮겨 가는 추세다. 서로 방해받지 않도록 충분히 거리를 둔 아늑한 좌석이 있고, 대형 스크린에서는 스포츠 경기나 뮤직비디오를 즐길 수 있다. 손님들은 무르익은 분위기 속에서 향나는 시샤를 원할 때까지 충분히 즐길 수 있다.

사우디의 젊은 여성은 호기심이 많고 지적 욕구가 강하다. 자기 계발을 위해 다양한 분야의 책을 찾아 읽으며 동시에 쇼핑이나 친구들과 어울리는 것도 즐긴다. 특히 카페나 친구 집에 모여 밤이 깊도록 이야기꽃을 피우는 것을 좋아한다.

한편 젊은 사우디 남성은 활기차고 모험심이 넘친다. 여러 명이 함께 사막으로 나가 자동차로 묘기를 부리는 드리프팅을 즐기는데, 금요일 밤이면 가족들과 함께 사막에서 드리프팅 파티를 여는 이들도 있다. 이런 문화는 점차 발전해 지금은 하일 랠리처럼 유명한 공식 대회로 자리 잡기도 했다. 과거 젊은이들은 즐길 거리를 찾아 두바이나 바레인으로 떠나곤 했지만 이제는 자국 내에서도 다양한 문화생활과 여가 활동을 즐길 수 있게 되면서 그런 모습은 찾아보기 힘들어졌다.

## 인식의 변화

사우디아라비아 사회는 여전히 가족을 중심으로 돌아가지만 젊은 사우디인 사이에서는 새로운 삶의 방식과 사회관계에 대한 개방적인 시각이 점점 늘어나고 있다. 이는 집단보다 개인을 더 중시하는 방향으로 변화하고 있다는 것을 보여주는데 특히 결혼에 대한 인식 변화가 두드러진다. 최근 젊은이들은 서둘러 결혼하기보다는 먼저 높은 교육을 받고 자신의 커리어를 쌓는 데 집중하는 편이다. 특히 여성들 사이에서 이런 경향이 강하게 나타나고, 실제로 현재 대학생 중에서는 여학생의 비율이 더 높은 정도다. 이러한 현상에 관해 한 사우디 친구는 이렇게 설명했다. "60년 전만 해도 9살에서 16살 사이에 결혼하는 게 일반적이었고, 20년 전까지만 해도 대부분 20대 초반에 결혼했어요. 하지만 요즘은 20대 후반이나 30대에 결혼하는 게 아주 자연스러워졌죠." 수백 년간 이어져온 보수적인 사회 분위기를 고려하면 불과 몇십 년 전만 해도 상상하기 힘들었던 변화가 이제는 일상이 된 것이다.

결혼 문화도 많이 달라졌다. 이제는 가정 내 의사 결정 과정에서 여성의 목소리가 한층 커졌고, 이는 자연스럽게 가정 밖에서의 전통적인 성 역할 변화로도 이어졌다. 또한 예전에는 당연하게 여겨졌던 대가족 생활 방식도 점차 줄어드는데 이는 젊은 부부들이 독립적인 삶을 추구하기 때문이다.

### 【 데이트 문화 】

중매결혼이 일반적인 사회에서 데이트는 늘 금기시되었다. 가족이 아닌 이성을 만나는 것이 문화적 규범에 어긋나기 때문이다. 하지만 인터넷의 발달로 이성을 만날 수 있는 방법이 다양해졌다. 예전에는 젊은 남성들이 쇼핑몰에서 마음에 드는 여성 근처에 자신의 전화번호를 적은 쪽지를 '우연히' 떨어뜨리곤 했지만, 이제는 잠깐 스쳐 지나간 후 블루투스로 번호를 보내기도 한다. 대부분의 만남은 문자 메시지나 SNS를 통해 이루어진다. 많은 경우 의미 있는 관계로 발전하지 못하고 단순한 대화로만 끝나기도 한다.

최근에는 사회적 제약이 완화되면서 남녀가 카페에서 함께 시간을 보내거나 직장에서 함께 일하는 것이 자연스러워졌다. 덕분에 특별한 사람을 만날 기회도 많아졌다. 하지만 사우디의 데이트 문화는 아직 서구와는 확연히 다르다. 대부분의 사우디인은 여전히 결혼 전 성적 접촉을 금하는 전통적인 규범을 지키고 있으며, 서로 호감이 있다고 하더라도 남성은 반드시 여성의 아버지를 찾아가 정식으로 결혼 허락을 구해야 한다.

# 여가 생활

얼마 전까지만 해도 사우디의 여가 생활은 매우 제한적이었다. 하지만 비전 2030 정책으로 상당히 많은 것이 달라졌다. 자국의 엔터테인먼트 산업이 성장할 수 있도록 각종 규제가 완화되었고, 국민과 거주자의 삶의 질을 높이기 위해 대규모 투자가 이루어졌다. 정부는 이를 체계적으로 발전시키기 위해 일반오락청(GEA)을 설립하여 새로운 엔터테인먼트 분야를 개발·관리하고 있다.

오늘날 사우디인의 여가 생활은 과거와 비교할 수 없을 만큼 달라졌다. 예전에는 외국인 주재원도 저녁에 할 일을 찾기가 힘들 정도였지만 지금은 상황이 완전히 바뀌어 현지인이든 방문객이든 즐길 거리가 넘쳐난다. 도시에 사는 사람들은 카페, 쇼핑몰, 레스토랑, 시샤 하우스부터 코미디 클럽, 영화관, 콘서트, 문화 행사, 스포츠 경기까지 다양한 활동을 마음껏 즐길 수 있다. 대학이나 기가 프로젝트 관련 장소에서 일하는 외국인들도 주변에서 수준 높은 피트니스 센터, 수영장, 레스토랑, 해변 등을 쉽게 찾을 수 있으며, 지역에 따라서는 영화관이나 볼링장까지 갖춰져 있다. 이번 장에서는 현재 사우디에서 즐길 수 있는 다양한 여가 활동들을 자세히 살펴보려 한다.

## 쇼핑

### 【 전통 시장 】

사우디의 전통 시장인 수크에서는 중동 각지의 다양한 수공예품을 구경할 수 있다. 역사적으로 사우디인들은 어떤 한곳에 정착해 공예품을 만들기보다는 유목민이나 상인으로 살았

리야드 수크 알-잘의 전통 황동 커피포트와 티포트 판매대

기 때문에 공예품은 대부분 다른 지역에서 들여온 것들이다. 대신 사우디만의 특별한 것을 찾자면 단연 대추야자다. 갓 수확한 생대추부터 건대추까지, 초콜릿을 입히거나 아몬드를 넣은 것, 참깨나 코코넛을 묻힌 것까지 그 종류가 무척 다양해서 하나씩 맛보는 재미가 쏠쏠하다.

베두인족의 전통 공예품 중에서는 은과 호박으로 만든 장신구가 특히 유명하고, 주석으로 만든 전통 커피포트도 많이 볼 수 있다. 사우디인은 향을 무척 좋아하기 때문에 남녀 모두 사향 성분이 들어간 진한 향수를 즐겨 쓴다. 집 안에서는 전통 향료인 바쿠르를 피우는데 특유의 사각 탑 모양 향로에 숯

### • 대추야자 •

단단하고 영양가 있는 과일인 대추야자는 수천 년 동안 베두인족의 주요 식량이었다. 거의 상하지 않는 특성 덕분에 오랫동안 보관할 수 있었고, 사막을 건널 때도 대추야자만 있으면 긴 여정을 버틸 수 있었다. 특히 말린 대추야자는 마치 마지팬(설탕과 아몬드를 주재료로 만든 달콤한 반죽을 말한다. 주로 과자, 케이크 장식, 초콜릿의 속 재료로 사용된다-옮긴이)을 연상시키는 독특한 풍미가 있어 더욱 특별하다.

동부 지방의 알하사 오아시스는 세계에서 가장 큰 대추야자 재배지로 유명하다. 전문가들은 이곳에서 나는 칼라사 종을 세계 최고의 대추야자로 꼽는다. 물론 지역마다 다양한 품종이 있어서 익는 시기도 다르고, 색깔도 연한 갈색부터 검은색까지 다양하다. 사우디에는 "첫 수확은 왕족을 위해, 마지막 수확은 당나귀를 위해"라는 말이 있을 정도다.

다른 나라들이 어려운 사람을 위해 담요를 기부하듯 사우디아라비아는 대추야자를 기부한다. 2018년에는 7,000톤이 넘는 대추야자를 기부했는데 4,000톤은 세계식량계획(WFP)에, 나머지 3,000톤은 전 세계 여러 나라에 전달되었다. 사우디의 회사들도 매년 수확 철이 되면 직원들에게 대추야자 선물세트를 나눠주는 것이 하나의 문화로 자리 잡았다.

을 피워 백단향 조각이나 오일의 향을 즐긴다. 도심에 자리한 수크에는 향수와 향료만 전문적으로 파는 구역이 따로 있을 정도니 향기를 따라가다 보면 어렵지 않게 찾을 수 있다.

양탄자도 인기 있는 쇼핑 품목이다. 페르시아 양탄자부터 아프간 양탄자까지 종류도 다양하며 일반 양탄자는 전문 시장에서, 곰이나 이스파한 지역에서 만든 고급 페르시아 실크 카펫은 전문 매장에서 구할 수 있다. 시간을 조금 투자하면 적절한 가격으로 흥정할 수도 있다. 흥미로운 점은 중동의 다른 지역과 달리 사우디 수크에서는 흥정이 그리 흔하지 않다는 것이다. 일부 상인들은 요청하면 5~10% 정도의 소폭 할인을 해주기도 하지만 기본적으로는 정찰제로 판매한다.

**【 쇼핑몰 】**

사우디인은 명품을 상당히 좋아하는 편이다. 쇼핑몰에 가면 펜디, 베르사체, 프라다부터 남성복 브랜드인 보스, 디젤까지 고급 브랜드 매장이 즐비하다. 이런 유명 브랜드는 걸프 지역 고객들을 위해 아바야나 토브 같은 전통 의상 라인을 특별히 선보이기도 한다. 게다가 다른 나라에 비해 명품 가격이 비교적 합리적인 편이라 화려하고 시원한 고급 쇼핑몰은 사막의

동부 도시 알호푸프의 수크 알-카이사리아를 찾은 쇼핑객들의 모습

뜨거운 열기를 피해 즐길 수 있는 휴식 공간이 된다.

물론 자라, 망고, H&M, 빅토리아시크릿, 갭 같은 중저가 브랜드들도 쉽게 찾을 수 있고, 나이키와 아디다스 같은 인기 스포츠 브랜드들도 사우디 쇼핑몰 곳곳에 자리 잡고 있다.

의류 매장에는 특이하게도 여성 고객의 사생활 보호를 위한 탈의실이 없다. 대신 옷을 사서 집에서 입어보고 맞지 않으면 반품하는 방식을 택한다. 물론 외국인 손님들을 위해 매장 안쪽에 따로 탈의실을 마련해둔 곳도 있다.

화장품은 세포라, MAC, 클리니크부터 더바디샵, 배스앤바

### • 팁 문화 •

사우디 택시 기사는 특이하게도 현금 팁을 받지 않는다. 잔돈이 없어서 팁으로 남기라고 해도 오히려 좌석 틈새까지 뒤져가며 정확한 거스름돈을 돌려주려 한다. 다만 택시 앱을 통해 전달하는 팁은 받아들이는 편이다. 반면 외국인 택시 기사는 어떤 형태든 팁을 받는다.

레스토랑, 미용실, 마사지숍 같은 서비스 업종에서 일하는 직원들은 대부분 중동이나 아시아 출신 외국인들이다. 이들은 팁으로 생계를 이어가는 경우가 많아서 최소 10~15% 정도의 팁을 남기는 것이 좋다.

사무실에서 차와 커피를 서빙하는 동남아시아 출신 직원에게는 팁을 주는 것이 일반적이다. 이들은 대부분 월급을 본국 가족들에게 보내는데 근처 가게에서 음식을 사 오거나 음료를 더 준비해주는 등의 추가 서비스로 수입을 보충한다. 심부름 한 번에 보통 5~15리얄 정도를 주며, 이드 알피트르 때는 직원들이 함께 모아 특별히 팁을 전달하는 것이 관례다.

디웍스까지 익숙한 브랜드를 모두 만날 수 있다. 특히 한국과 일본 전자제품은 가격이 싱가포르나 방콕보다도 저렴해서 인기가 많다. 그리고 실내 활동이 많은 사우디의 특성상 다양한 글로벌 가전 브랜드들이 진출해 있다.

## 화폐

사우디의 화폐인 리얄(SAR)은 미국 달러와 3.75:1의 고정 환율제를 유지하고 있다. 은행에서는 달러는 물론 영국 파운드, 유로 등 주요 통화와 자유롭게 환전할 수 있으며, 시내 곳곳과 주요 공항에도 환전소가 자리 잡고 있다. 리얄은 지폐와 함께 1~2리얄짜리 동전이 있고, 더 작은 단위로는 할랄라가 있는데 100할랄라가 1리얄에 해당한다. 다만 할랄라 동전은 아직 통용되기는 해도 실생활에서 거의 사용되지 않는다. 최근에는 식사, 장보기, 공과금 납부 등 대부분의 결제가 디지털로 이루어진다. 특히 모야사르, 페이포트, 페이탭스, 하이퍼페이, STC 페이 같은 현지 결제 플랫폼들이 널리 사용되고 있다.

## 외식

사우디의 외식 문화는 최근 몇 년 사이 크게 발전했다. 과거에는 선택의 폭이 좁았지만 지금은 특히 리야드와 제다 같은 대도시를 중심으로 세계 각국의 다양한 음식을 즐길 수 있게 되었다. 최근에는 많은 식당이 음식은 물론이고 라이브 음악이나 문화 공연 같은 다채로운 엔터테인먼트도 함께 선보인다.

특히 레바논 음식은 맛있기로 유명하고 인기가 많다. 어디서나 쉽게 찾을 수 있는 레바논 음식은 육식가부터 비건, 글루텐에 민감한 사람까지 모두의 입맛과 식단 제한을 고려한 다양한 메뉴를 제공한다. 케밥을 비롯해 후무스, 가지 퓨레인 무타발, 포도잎 쌈 같은 메제, 코프타 미트볼 그리고 파투쉬와 타불리 같은 신선하고 상큼한 샐러드까지 다채로운 맛을 즐길 수 있다.

가벼운 점심으로는 샤와르마가 인기 있는데 이는 꼬치에 돌려가며 구운 치킨이나 양고기를 매콤한 소스, 신선한 채소와 함께 납작한 빵에 싸서 먹는 음식이다. 게다가 거리 곳곳에서 쉽게 찾을 수 있어 편리하게 즐기기에도 제격이다. 채식주의자들을 위한 메뉴도 다양해서, 대부분의 케밥 식당에서 팔라펠을 맛볼 수 있고, 후무스에 빵과 샐러드를 곁들여 즐기기도 한다. 해안가에 즐비한 소박한 식당에서는 신선한 생선을 직접 고른 뒤 튀겨서 후무스, 플랫브레드, 샐러드와 함께 즐길 수 있고, 고급 해산물 식당에서는 홍합부터 천천히 구워낸 랍스터까지 다양한 진미를 맛볼 수 있다.

세계 각국의 음식점도 쉽게 찾을 수 있다. 정통 인도 음식은 저렴한 테이크아웃부터 고급 레스토랑까지 다양하게 있고, 멕시코 음식과 태국, 일본 등 아시아 음식점도 늘어나는 추세다. 특히 스시 레스토랑이 많이 생기고 있으며, 고급스러운 분위기의 이탈리아, 프랑스, 그리스 레스토랑도 즐길 수 있다.

물론 패스트푸드와 패밀리 레스토랑도 빼놓을 수 없다. 피자헛, 치즈케이크 팩토리를 비롯한 유명 체인점들이 모두 진출해 있어서 고향의 맛이 그리울 때 찾기 좋고, 맥도날드나 버거킹처럼 부담 없이 즐길 수 있는 곳도 많다.

전통 아랍 음식이나 베두인 음식은 의외로 찾기가 쉽지 않다. 하지만 '전통 체험' 콘셉트의 레스토랑들이 있어서 낙타 스테이크부터 특별한 방식으로 조리한 양고기와 닭고기 요리까지 맛볼 수 있다.

가격대는 정말 폭넓다. 작은 아프간 식당에서는 10리얄이면 통닭과 밥을 배부르게 먹을 수 있지만 고급스러운 레바논 식당에서는 한 끼에 수백 리얄을 훌쩍 넘기기도 한다.

식사 문화도 달라져서 요즘은 많은 사우디인이 배달 음식을 즐긴다. 자헤즈, 나나, 헝거스테이션, 카림, 탈라밧 같은 배달 앱들이 특히 큰 인기를 얻고 있다.

### • 사우디 샴페인 •

사우디 샴페인은 사과주스와 탄산수를 베이스로 신선한 과일 조각을 듬뿍 넣은 무알코올 음료다. 더운 날씨에 시원하게 즐기기 좋고 식사와도 놀라울 정도로 잘 어울린다. 특히 고급 레스토랑에서는 이 특별한 음료를 빼놓지 않고 메뉴에 올린다.

## 카페

커피는 아라비아의 오랜 전통으로 사우디인의 카페인 내성은 그야말로 놀라울 정도다. 도시 곳곳에 카페가 있는데 특히 사우디만의 특별한 아라비아 커피가 유명하다. 이 커피는 카다몬과 사프란을 넣고 원두를 살짝만 볶아 연한 노란빛을 띠는 것이 특징으로, 보통 화려하게 장식된 커피포트로 작은 잔에 따라 마신다. 하지만 스타벅스, 팀홀튼, 코스타 커피 같은 글로벌 체인점에서 비교적 친숙한 커피도 언제든지 즐길 수 있다.

시내 곳곳의 카페에서 시샤를 즐기는 문화가 특이하게 다가올 수 있다. 보통 차와 함께 즐기며 나이나 계층에 상관없이

많은 사우디인이 혼자 또는 여럿이 모여 시샤를 즐긴다. 그동안 직원들은 손님이 떠날 때까지 테이블을 돌아다니며 향 나는 숯을 갈아주는 서비스를 제공한다. 사우디는 이런 면에서 흡연가들의 천국이라고 할 수 있으며 시샤는 중동 전역에서 사교의 중요한 매개체가 되고 있다.

다양한 향 중에서도 과일 맛이 인기가 많은데, 특히 사과 향이 나는 투파 향을 가장 선호한다. 여성도 남성 못지않게 시샤를 즐기며, 예쁜 디자인의 시샤는 유행을 타고 고급 제품은 수천 리얄을 호가하기도 한다. 서양인도 현지인 사이에 앉아 전혀 어색함이나 부담 없이 이런 문화를 즐길 수 있다. 사우디인들이 가장 잘하는 것, 바로 다른 사람들과 즐겁게 지내는 것을 함께 즐기면 된다.

## 엔터테인먼트

얼마 전까지만 해도 사우디의 여가 생활은 매우 제한적이었다. 가족 중심의 시설과 쇼핑몰이 전부였고, 사람들이 모여 어울릴 만한 공공장소도 찾기 힘들었다. 1980년대에는 영화관이 금지되고 음악 공연도 허용되지 않아, 사람들은 개인 빌라나 주거단지에 몰래 모여 행사를 열거나 영화를 보고 음악을 들으며 즐거움을 찾아야 했다. 당시 즐길 수 있는 것이라고는 공원이나 산악 지대, 해변 방문, 카페에서 시간 보내기, 사막에서 바비큐 즐기기, 농장 구경, 쇼핑몰 정도가 전부였다. 특히 젊은 세대들은 이런 한정된 선택지에 만족하지 못했다. 결국 많은 사우디인과 외국인 거주자들은 더 자유로운 분위기와 다양한 즐길 거리를 찾아 두바이나 바레인 같은 이웃 국가로 떠났고, 이는 자연스럽게 사우디 경제에 큰 타격을 입혔다.

하지만 비전 2030 정책으로 상당히 많은 것이 달라졌다. 자국의 엔터테인먼트 산업이 성장할 수 있도록 각종 규제가 완화되었고, 국민과 거주자의 삶의 질을 높이기 위해 대규모 투자가 이루어졌다. 정부는 이를 체계적으로 발전시키기 위해 일반오락청(GEA)을 설립하여 새로운 엔터테인먼트 분야를 개발·관리하고 있다.

**【 영화관 】**

2018년, 사우디아라비아는 35년이나 지속해왔던 영화관 금지를 마침내 해제했다. AMC, VOX, 엠파이어 같은 세계적인 영화관 체인이 속속 들어서면서 사우디의 엔터테인먼트 역사에 새 장이 열렸다. 이는 시민들에게 새로운 즐거움을 선사했을 뿐 아니라 완전히 새로운 분야에서 일자리도 만들어내는 계기가 되었다. 정부는 더 나아가 2030년까지 300개 이상의 영화관에 2,600개가 넘는 스크린을 설치한다는 야심 찬 계획을 추진하고 있다.

영화 문화의 발전은 다양한 영화제와 관련 행사의 증가로 이어지고 있는데 레드시 국제영화제가 그 대표적인 예다. 다만 현지의 문화적 가치와 맞지 않는 장면들은 검열을 통해 조정된다는 점은 참고해야 한다.

【 무대 및 공연 】

사우디 역사상 처음으로 연극과 공연 예술이 꽃피우고 있다. 공연예술위원회가 새로운 극장 건립과 공연 제작을 적극 지원하면서 이 분야가 빠르게 성장하고 있다. 태양의 서커스나 브로드웨이 쇼 같은 세계적인 공연도 열리고 있으며, 담만의 킹 압둘아지즈 세계문화센터에서는 요요 마, 랑랑, 비엔나 필하모닉 오케스트라 같은 세계적 아티스트들의 공연이 열렸다. 사우디 국립극단도 고전극을 제작하고 있는데, 2020년에는 프랑스의 유명 연출가 에마뉘엘 드마르시-모타가 연출한 「안티고

아라비안 걸프가 내려다보이는 담만의 킹 압둘아지즈 세계문화센터

네」를 사우디와 해외 배우들이 함께 출연해 선보이기도 했다.

특히 흥미로운 것은 코미디 장르의 급성장이다. 사우디 출신 코미디언들이 늘어나고 전문 코미디 클럽들이 속속 문을 열고 있다. 매년 열리는 제다 코미디 페스티벌은 중동의 대표적인 코미디 축제로 자리매김했다.

### • 킹 살만 공원 •

리야드 시내 중심에 자리 잡은 킹 살만 공원은 약 13$km^2$의 광대한 면적을 자랑하는 세계적인 규모의 도시공원이다. 공원 안에는 2.4km나 되는 레이지 리버(유수풀), 12m 높이에서 떨어지는 시원한 폭포, 스릴 넘치는 롤러코스터, 도시를 한눈에 담을 수 있는 대관람차, 집라인 등 다양한 즐길 거리가 가득하다. 여기에 가족 단위 방문객을 위한 놀이터, 운동장, 피크닉 공간도 곳곳에 마련되어 있다.

이 공원의 진정한 매력은 바로 문화마을이다. 전통 공연과 체험형 전시를 통해 사우디아라비아의 풍부한 문화유산과 역사를 생생하게 보여주는 공간으로 방문객은 이곳에서 사우디의 독특한 관습과 전통, 민속 문화를 직접 체험할 수 있다. 현지의 맛있는 음식도 맛보고 특별한 기념품도 구입할 수 있어 더욱 색다른 경험을 선사한다.

【 음악 】

한때 사우디에서 음악은 곱지 않은 시선을 받았다. 한 오랜 거주자의 표현대로 "하비비(내 사랑)로 시작해서 하비비로 끝나는" 화려한 발라드를 부르는 소수의 유명 가수가 전부였다. 하지만 2018년부터 라이브 음악 공연이 허용되면서 상황이 크게 바뀌었고 이제는 머라이어 캐리와 백스트리트 보이즈 같은 세계적인 팝스타들도 사우디 무대에서 공연을 펼치고 있다.

클래식 음악 애호가라면 담만의 킹 압둘아지즈 세계문화센

압카이크 사막 사파리 페스티벌에서 공연 중인 뮤지션들

### • 키디야 엔터테인먼트 시티 •

사우디의 '엔터테인먼트 수도'를 표방하는 키디야 엔터테인먼트 시티는 현재 한창 건설 중이다. 약 335$km^2$에 달하는 이 거대한 단지에는 테마파크, 워터파크, 다양한 스포츠 시설, 문화 공간 등 다양한 즐길 거리가 들어설 예정이다. 이 대규모 프로젝트는 비전 2030의 핵심 목표들을 실현하기 위해 기획되었다. 경제의 다각화를 이루고, 새로운 일자리를 만들며, 청년과 여성의 사회 참여를 확대하는 것은 물론, 국민의 국내 여가·엔터테인먼트 소비를 두 배로 늘리는 것을 목표로 한다.

터에서 해외 유명 아티스트와 오케스트라의 공연을 즐길 수 있다. 알 울라의 마라야 공연장에서는 안드레아 보첼리와 앨리샤 키스 같은 세계적인 아티스트들이 무대에 오른다. 특히 놀라운 변화는 전자음악 축제의 성장이다. 불과 몇 년 전만 해도 사우디에서 남녀가 함께 전자음악에 맞춰 춤추는 모습은 상상조차 할 수 없었지만, 지금은 MDL비스트 페스티벌에서 이런 광경이 자연스럽게 펼쳐진다. 2023년에는 단 나흘 만에 60만 명이 넘는 관객이 모여들어 세계 최대 규모의 음악 축제로 발돋움했다. 또 다른 대형 페스티벌인 사운드스톰에서는 데이비드 게타, 티에스토, 아민 반 뷰렌과 같은 세계적인 DJ들이 화려한 무대를 선보인다.

## 기타 즐길 거리

영어 도서를 찾는다면 자리르 서점이나 버진 메가스토어를 방문하면 된다. 온라인으로는 아마존 사우디아라비아나 데저트 카트에서 다양한 영어 책을 구매할 수 있고, 찾는 책이 없다면 해외 아마존에서 직접 사우디로 배송받는 것도 가능하다. 다만 책을 고를 때는 사우디의 문화적 가치관을 고려해야 한다. 나체가 포함된 책이나 비이슬람 종교 서적은 주문을 피하는 것이 좋다. 모든 해외 배송 물품은 입국 시 검사를 받을 수 있고, 부적절한 내용이 발견되면 압수될 수 있기 때문이다.

예술을 사랑하는 이들에게 반가운 변화가 찾아왔다. 한때는 이슬람의 생물 묘사 금지 규정으로 예술 작품 전시가 매우 제한적이었지만 최근 규제가 완화되면서 아스르 갤러리, 하페즈 갤러리, 미스크 아트 인스티튜트, 사우디 아트 카운슬 등 다양한 예술 공간이 문을 열었다. 더불어 사우디 역사상 처음으로 리야드 아트 전시회, 제다 아트 위크 같은 예술 축제와 공공 전시회도 열리며 문화적 지평을 넓히고 있다.

외국 대사관과 영사관도 사우디 문화 강연이나 영화 상영 등 특별한 문화의 밤을 종종 개최한다. 아라비아 문화를 더 깊이 이해하고 싶다면 세계적인 전문가들이 참여하는 사우디 아람코의 사보 '사우디 아람코 월드'를 읽어보는 것도 좋다.

최근에는 문화 교류도 활발해져서 다양한 문화 단체들이 생겨나고 있다. 리야드의 '살람 포 컬처럴 커뮤니케이션'은 매월 새로운 문화 주제로 공개 행사를 열어 강연을 듣고 함께 식사하며 교류하는 시간을 제공한다. 문화에 관심 있는 사람들과 친목을 도모하고 싶다면 리야드의 '사우디 컬처 클럽'을 찾아보는 것도 좋은 선택이 될 것이다.

【 피크닉 】

사우디인들은 길 한가운데서도 피크닉을 즐길 만큼 장소를 가리지 않는다. 특히 목요일 저녁이나 공휴일 밤이면, 마치 북유럽 사람들이 지중해 해변으로 몰려가듯 사우디 가족들은 마음에 드는 도로 주변으로 삼삼오오 모여든다. 하지만 조금 더 여유롭고 쾌적한 시간을 보내고 싶다면 조경이 잘 된 도심 공원을 찾거나 별이 쏟아지는 고요한 사막으로 드라이브를 나서보는 것도 좋다.

## 스포츠

비전 2030은 국민의 건강하고 활동적인 라이프스타일을 장려하고, 국제 대회에서 국가 대표 선수들의 경기력을 높이며, 스포츠 산업을 국가 경제의 주요 동력으로 발전시키는 것을 목표로 한다. 이런 야심 찬 계획을 실현하기 위해 사우디 정부는 과감한 투자를 단행했다. 15억 달러 이상을 투자한 결과, 최첨단 경기장부터 스포츠 아카데미, 훈련 센터까지 다양한 시설들이 속속 들어서고 있다.

### 【축구】

사우디아라비아 스포츠 문화의 중심에는 축구가 있다. 특히 2022년 월드컵에서 아르헨티나를 상대로 거둔 승리는 '월드컵 역사상 가장 큰 이변' 중 하나로 꼽히며 사우디 축구의 존재감을 세계에 알렸다. 여기에 세계적인 슈퍼스타 크리스티아누 호날두가 알 나스르 구단과 2년 6개월 계약을 맺으며 또 한 번 전 세계를 놀라게 했다. 상업적 계약을 포함해 연봉 2억 1,200만 달러라는 이 계약으로 당시 37세의 호날두는 역사상 가장 높은 급여를 받는 축구 선수이자 전 세계에서 가장 수입이 많은 운동선수가 되었다.

사우디는 한 걸음 더 나아가 자국 프리미어리그를 세계 7대 리그 반열에 올리겠다는 야심 찬 목표를 세웠다. 이를 위해 27개의 최신식 축구 전용 경기장과 11개의 첨단 스포츠 시설을 건설하는 등 대대적인 투자를 이어가고 있다.

**【F1 레이싱】**

사우디 아라비안 그랑프리는 F1의 새로운 강자로 떠오르고 있다. 2020년 12월, F1은 사우디와 6억 5,000만 달러 규모의 10년 계약을 맺었고, 이듬해 11월 첫 대회를 성공적으로 치러냈다. 제다의 아름다운 해안가를 따라 조성된 코니시 서킷은 이제 세계적인 레이싱의 명소가 되었다. 이 서킷은 긴 직선 구간과 급격한 코너들로 유명한데 특히 27개의 코너가 이어지는 까다로운 코스는 드라이버들의 뛰어난 기량과 정확한 주행을 요구한다. 타이어 관리와 에너지 소비까지 신경 써야 하는 데다 작은 실수도 용납되지 않아 세계 최고의 드라이버들조차 긴장을 놓을 수 없는 코스로 평가받는다. 첫 대회부터 전 세계의 주목을 받은 사우디 그랑프리는 매년 8만 명이 넘는 관람객이 찾을 것으로 예상된다. F1 외에도 다양한 레이싱 대회가 연중 개최되면서, 사우디는 중동을 넘어 세계적인 모터스포츠의 중심지로 빠르게 성장하고 있다.

**디리야 E-프리**

유네스코 세계문화유산인 고대 도시 디리야를 무대로 매년 2월 말 이틀간 최첨단 전기 레이싱 카들의 대결이 펼쳐진다. 2.495km 서킷에는 21개의 코너가 있는데 급격한 헤어핀 커브와 빠른 스윕 커브가 번갈아 등장하는 까다로운 코스로 유명하다. 매년 수만 명의 관중이 이 특별한 디리야 E프리 레이스를 찾는다.

**익스트림 E 데저트 프리**

익스트림 E 데저트 프리는 사우디의 거친 자연을 무대로 펼쳐지는 흥미진진한 오프로드 레이싱이다. 첫 시즌은 알 울라에

다카르 랠리의 거친 지형을 거침없이 달리는 경주차

서 열렸고, 두 번째 시즌부터는 네옴의 새로운 코스에서 진행된다.

**다카르 랠리**

다카르 랠리는 전 세계 모터스포츠 팬들의 마음을 사로잡은 사우디의 대표 오프로드 레이싱이다. 사우디 모터 연맹이 주관하는 이 대회는 끝없이 펼쳐진 거친 사막을 무대로 한다. 해마다 인기가 높아져 2021년에는 30개국에서 400명이 넘는 선수들이 참가했다. 자동차, 오토바이, 사륜차, 트럭 등 각 부문에서 치열한 경쟁을 펼치며, 우승자에게는 100만 달러의 상금을 준다.

### 낙타 경주와 경마

낙타 경주와 경마는 베두인 시대부터 이어져온 사우디의 자랑스러운 전통이다. 이제는 단순한 스포츠를 넘어 국가 경제와 문화유산의 중요한 부분으로 자리 잡았다.

리야드의 킹 압둘아지즈 경마장에서 열리는 연례 킹 압둘아지즈 경마 챔피언십은 사우디 경마의 꽃으로 불린다. 총 상금 2,000만 달러의 대규모 행사로 세계 최고의 경주마들과 기수들이 모여 실력을 겨룬다.

낙타 경주에서 가장 유명한 대회는 알 울라 캐멀 컵이다. 알 울라 왕립위원회와 사우디 낙타경주연맹이 공동 주최하는 이 연례행사는 전통 스포츠의 진수를 보여준다.

### 【여성 스포츠】

2018년 이전까지만 해도 사우디 여성은 경기장 입장조차 허용되지 않았다. 하지만 지금은 관람객으로서뿐만 아니라 선수로서도 활약하고 있다. 여성의 스포츠 참여 제한이 풀리고 각

### • 킹 압둘아지즈 매사냥 축제 •

매사냥은 아라비아반도의 오랜 전통이다. 기원전 2000년경부터 이어져왔다고 전해지는 이 문화는 시간이 흐르면서 고귀함의 상징이 되었고, 오늘날 사우디아라비아를 비롯한 중동 전역의 소중한 문화유산으로 자리 잡았다. 매년 열리는 킹 압둘아지즈 매사냥 축제는 이런 전통의 정수를 보여주는 자리다. 전 세계의 매사냥꾼들과 애호가, 관람객이 한데 모여 위풍당당한 맹금류의 놀라운 기량과 우아한 자태를 감상한다. 다채로운 경연 대회와 시범, 교육 프로그램이 펼쳐지는 이 축제는 해마다 그 규모가 커져서 2021년에는 무려 80개국에서 4,000마리가 넘는 매와 1,700명의 매사냥꾼이 참가하는 세계적인 행사로 발전했다. 사우디 사람들에게 매는 특별한 존재다. 단순한 사냥 도구나 반려동물을 넘어, 수천 년을 이어온 전통과 명예, 그들의 자부심을 상징하는 소중한 문화유산이다.

종 여성 전용 스포츠 시설과 행사가 생기면서 스포츠를 즐기는 여성의 비율도 크게 늘었다. 2015년 9.5%에 불과하던 여성 스포츠 참여율은 2021년에 23%까지 상승했다. 이제 사우디 여성은 육상, 농구, 축구, 달리기, 유도, 골프, 모터스포츠 등 다양한 종목에서 두각을 나타내고 있다.

이 분야의 선구자로는 미국 주재 사우디 대사인 리마 빈트 반다르 공주를 꼽을 수 있다. 그녀는 사우디 최초의 여성 지역 스포츠연맹(SFCS) 회장으로서 여성 스포츠 발전을 이끌고 있다.

## **사막으로** 떠나는 여행

사우디아라비아를 진정으로 이해하고 싶다면 사막으로 떠나보는 것을 추천한다. 장엄한 고요 속에서 도시의 번잡함은 순식간에 사라지고, 쏟아지는 별들 아래서 가족과 함께 바비큐를 즐기거나 모닥불을 피우고 여유로운 산책을 즐길 수 있다. 서유럽의 두 배나 되는 이 드넓은 사막은 오프로드 마니아들의 천국이기도 하다. '빈 구역'이라 불리는 룹알할리는 프랑스보다 더 넓은 면적에 바위와 모래, 소금 평지가 끝없이 펼쳐진 곳이다. 300m가 넘는 웅장한 모래언덕들이 장관을 이루고, 동쪽 끝에는 전설처럼 대상(隊商) 전체를 삼켰다는 유사가 있다.

하지만 사막 여행 시에는 반드시 안전에 유의해야 한다. 요즘은 고속도로가 사막을 관통하지만, 여전히 길을 잃거나 연료가 떨어져 사고가 나는 경우가 있다. 최소 두 대의 사륜구동 차량과 현지 가이드 동행은 필수이며, 운전 실력이 충분할 때만 오프로드를 시도해야 한다. 예상보다 더 많은 물과 연료를 준비하고, 모래에 빠질 경우를 대비해 삽도 꼭 마련해야 한다. 가장 안전한 방법은 전문 여행사의 투어를 이용하는 것이다. 처음이라면 도시에서 멀지 않은 안전한 곳부터 시작해보는 것이 좋다. 도시에서 조금만 벗어나도, 도로에서 몇백 m만 들어가도 숨이 멎을 듯한 장관이 펼쳐진다. 다만 밤에는 기온이 크게 떨어지니 따뜻한 옷과 침낭은 반드시 준비해야 한다.

## 다이빙

사우디 서해안의 홍해는 세계 최고의 다이빙 명소 중 하나로 손꼽힌다. 해안선을 따라 수 마일이나 이어지는 깨끗한 산호초 군락이 장관을 이룬다. 특히 외국인 거주자들 사이에서 큰 인기를 끄는 이곳에는 다양한 다이빙 클럽들이 있다. 대부분 프라이빗 비치에 자리 잡고 있어서 새로운 사람들과 교류하기도 좋고, 수영복이나 비키니 착용도 자유로워 편하게 즐길 수 있다.

홍해는 스쿠버다이빙을 배우기에도 최적의 장소다. 다른 유명 다이빙 장소에 비해 비용이 합리적이고, 실력 있는 강사진들과 함께 아름다운 수중 세계를 탐험할 수 있다. 특히 많은 다이버가 위험한 해양 생물이 적어 안전하다는 점을 장점으로 꼽는다. 여기에 연중 따뜻한 기후까지 더해져 계절에 구애받지 않고 언제든 다이빙을 즐길 수 있다.

# 07

# 여행, 건강, 안전

사우디아라비아는 오래전부터 세계적으로 가장 낮은 범죄율을 기록해왔다. 갤럽이 발표한 법질서 지수에 따르면 사우디는 세계 10대 안전 국가에 속했으며, UN 환경 인간안보 연구소는 사우디를 세계 3대 안전 국가로 꼽았다. 실제로 여성이 혼자 이 나라로 이주하더라도 혼자서 생활하는 데 전혀 문제가 없을 정도다.

사우디아라비아는 고대 유적과 문화유산의 보고다. 3만 개가 넘는 고고학 유적지에서 이 땅의 깊은 역사를 직접 만날 수 있다. 오랫동안 이런 매력적인 장소들은 외부에 거의 알려지지 않았고, 사우디 여행도 비즈니스나 종교 목적으로만 가능했다. 하지만 2019년이 되어 비전 2030의 일환으로 관광 비자가 도입되면서 상황이 완전히 달라졌다. 시행 첫날부터 7만 7,000명이 넘는 사람들이 새로운 비자를 신청할 정도로 큰 관심을 받았다.

현재는 49개국 여행자들이 온라인 e비자 시스템을 통해 사우디를 방문할 수 있다. 1년 동안 90일까지 머무를 수 있는 복수 입국 비자로 신청 과정도 매우 간단하다. visa.visitsaudi.com에서 방문 정보를 입력하고 수수료만 내면 온라인으로 바로 승인받을 수 있다.

다만 이 관광 비자로는 성지순례(하지)나 학업, 취업 활동을 할 수 없다. 이런 목적이라면 비즈니스 방문 비자, 취업 비자, 임시 취업 비자 등 다른 비자를 신청해야 한다. 각 비자의 자세한 정보와 신청 방법은 vc.tasheer.com에서 확인할 수 있다.

### • LGBTQ 여행객 •

2023년 CNN이 "사우디아라비아, LGBTQ 방문객 환영하다"라는 제목의 기사를 발표해 국제 사회를 놀라게 했다. 실제로 사우디 관광청 공식 웹사이트 'Visit Saudi'의 FAQ 섹션에는 "모든 사람이 사우디아라비아를 방문할 수 있으며, 방문객에게 이러한 개인적인 정보를 공개하도록 요구하지 않는다"라고 명시되어 있다.

하지만 이는 사우디의 독특한 문화적 맥락 속에서 이해해야 한다. 사우디는 지극히 사적인 사회로 개인의 연애나 감정 표현은 철저하게 개인의 영역으로 간주한다. 이런 기준은 모든 사람에게 동일하게 적용된다. 성적 지향과 관계없이 손을 잡는 것 외의 모든 공개적인 애정 표현은 삼가야 한다. 즉, 개인의 사생활은 철저히 사적인 영역에 두어야 하며 이 기본적인 규칙만 잘 지킨다면 누구든 사우디에서 불편함 없이 여행을 즐길 수 있다.

## **사우디에서** 방문해야 할 곳

**【 헤자즈 지역 】**

사우디아라비아 서부에 자리 잡은 헤자즈 지역은 메카, 메디나, 제다, 타북, 얀부, 타이프, 발주라시 등 주요 도시들의 고향

제다 구시가지 알-발라드의 아름다운 전통 건축물

이다. 서부 지방으로도 불리는 이 지역은 서쪽으로 홍해, 북쪽으로 요르단, 동쪽으로 나지드, 남쪽으로 아시르 지역과 맞닿아 있다. 헤자즈는 아라비아반도에서 다양성이 가장 풍부한 지역으로 이곳의 대표 도시인 제다는 사우디에서 두 번째로 큰 도시다. 또한 메카와 메디나는 각각 사우디의 네 번째, 다섯 번째로 큰 도시이기도 하다.

【 제다 】

활기와 매력이 넘치는 도시 제다는 아름다운 해변과 생동감 넘치는 시장, 이국적인 맛집들로 유명하다. 현대적인 비즈니스 지구부터 다채로운 관광 명소까지 여행객이라면 반드시 방문해볼 만한 곳이다.

특히 제다의 구시가지 알-발라드는 꼭 들러봐야 할 곳이다. 수백 년의 세월이 고스란히 담긴 이곳에는 독특한 건축물과 역사적인 모스크, 다채로운 전통 시장이 즐비하다. 웅장한 킹 파하드 분수를 비롯해 아라비아의 문화와 역사를 생생하게 보여주는 박물관들이 곳곳에 자리 잡고 있다. 오랜 역사를 간직한 헤자즈 기차역을 구경하거나, 아름다운 공원과 정원에서 여유로운 휴식을 즐기는 것도 좋다. 쇼핑과 관광, 맛있는 식사는 기본이고 스쿠버다이빙이나 사파리 투어 같은 짜릿한 체험까지, 제다는 모든 여행자가 자신만의 특별한 추억을 만들 수 있는 도시다.

**【 메카(마카) 지역 】**

이슬람교의 예언자 무함마드가 태어난 메카는 무슬림에게 가장 성스러운 도시다. 매년 수백만 명의 순례자들이 이슬람 신앙의 다섯 기둥 중 하나인 하지 순례를 위해 이곳을 찾는다. 무함마드가 이슬람교를 창시한 1,400년 전부터 이어져온 이

이슬람교 예언자 무함마드의 탄생지, 메카의 전경

도시의 역사는 그 자체로 이슬람의 역사라고 할 수 있다. 쿠란에도 등장하는 메카의 중심에는 그랜드 모스크가 있고, 그 안에는 정육면체 모양의 카바 신전이 있다. 이슬람교에서 가장 성스러운 장소로 여겨지는 이곳은 아담과 이브가 에덴동산에서 쫓겨난 후 다시 만난 곳으로 전해진다. 또한 예언자 무함마드가 대천사 가브리엘로부터 신성한 계시를 받아 이슬람의 가르침을 전파하기 시작한 곳이기도 하다. 이처럼 메카는 오랜 세월 동안 이슬람 세계의 정신적 중심지로서 그 역할을 이어오고 있다.

여행자들이 반드시 알아야 할 점은 메카가 무슬림만을 위한 성스러운 공간이라는 것이다. 이는 종교적으로 매우 엄격하게 지켜지는 원칙으로 비무슬림은 어떤 상황에서도 도시에 발을 들일 수 없다. 실제로 당국은 도시 입구에서 철저한 신원 확인을 통해 비무슬림의 출입을 엄격히 통제하고 있다.

**【 킹 압둘라 경제 도시(KAEC) 】**

KAEC는 제다에서 북쪽으로 100km 떨어진 곳에 자리 잡은 메가 프로젝트 도시다. 평화로운 얌 비치에서 여유를 즐기거나, 홍해를 따라 유람선을 타고, 푸른 자연이 가득한 주만 공원을 산책하며, 바닷가 클럽하우스에서 낭만적인 저녁을 보낼 수 있다. 도시 곳곳에는 현지의 맛있는 요리를 즐길 수 있는 레스토랑들도 많다.

**【 타이프 】**

장미 정원과 웅장한 산맥이 있고 원숭이들이 자유롭게 거리를 활보하는 타이프는 사우디에서도 특별한 매력을 지닌 도시다. 케이블카를 타고 아름다운 산세를 감상하고, 옛 사우디의 모습을 간직한 전통 마을을 둘러보고, 박진감 넘치는 낙타 경주를 직관하는 등 하루 종일 특별한 경험을 할 수 있다. 고지대

수크 오카즈에서 진행되는 타이프의 전통 직조 풍경

에 자리 잡아 시원한 날씨를 자랑하는 타이프는 특히 장미가 만발하는 3월과 4월이 절정이다. 현지 시장에서는 달콤한 석류와 살구 그리고 도시의 상징인 장미로 만든 다양한 제품들을 만날 수 있다. 다만 귀여운 원숭이들에게 먹이를 주고 싶더라도 원숭이들이 예상외로 사나울 수 있으니 특별히 조심해야 한다.

【 타북 지역 】

사우디 북서쪽에 자리 잡은 타북은 북쪽으로는 요르단과 맞닿아 있고, 서쪽으로는 홍해를 품고 있다. 빼어난 자연경관과 깊은 역사적 가치를 간직한 이곳은 특히 투명한 바다와 형형색색의 해양 생물, 세계 최고 수준의 산호초 군락이 있는 홍해로 유명하다.

미래도시 네옴은 타북의 새로운 자랑거리다. 사우디의 야심 찬 비전 2030의 핵심 프로젝트인 이곳은 해변과 눈 덮인 산이 공존하는 특별한 기후를 자랑하며, 혁신적인 건축물과 문화 공간이 속속 들어서고 있다.

모험을 즐기는 여행자라면 푸르른 언덕이 장관을 이루는 바즈다를 추천한다. 웅장한 절벽과 고요한 호수가 어우러진 와디 디사는 피크닉이나 조용한 휴식을 위한 완벽한 장소다. 높은 산맥 사이에 숨은 비옥한 계곡, 와디 타입 알 이슴에서는 전통 사우디 마을의 진정한 모습을 만날 수 있다. 해변의 매력을 찾는다면 사우디 최고의 해변으로 손꼽히는 움루즈로, 역사의 발자취를 따라가고 싶다면 흥미진진한 유적과 고대 마을이 있는 타이마로 향하면 된다.

**【 메디나 지역 】**

홍해와 나지드 사이에 자리 잡은 메디나 지역은 전 세계 무슬림에게 가장 중요한 도시 중 하나인 메디나를 품고 있다. 깊은 종교적 의미는 물론 수백 년의 역사가 만든 풍부한 문화유산을 간직한 이곳은 고대 대상들의 중요한 쉼터이기도 했다.

메디나를 중심으로 카이바르와 알 울라 같은 역사적인 보물들이 숨어 있다. 특히 고대 오아시스 도시였던 알 울라는 요르단의 페트라를 건설한 나바테아 문명이 남긴 신비로운 암각화로 유네스코 세계문화유산에 등재되었다. 이곳에서는 고대 유적 탐방은 물론 하이킹, 캠핑, 야생 조류 관찰 등 다양한 모험을 즐길 수 있다. 거울로 뒤덮인 독특한 건축물 마라야에서는 콘서트, 전시회, 콘퍼런스 등 현대적인 문화 행사도 펼쳐진다.

해변을 사랑하는 사람이라면 깨끗한 해변과 산호초, 형형색색의 해양 생물들이 가득한 천혜의 관광지인 항구 도시 얀부를 추천한다.

**【남부 지역】**

아시르, 알 바하, 자잔, 나지란 등 보물 같은 지역들이 가득한 남부에서도 특히 여행자의 마음을 사로잡는 곳은 아시르 지역의 아브하와 리잘 알마다. 아시르의 중심 도시 아브하는 해발 1,200m 고지에 위치해 하라트 알 비르크 화산 지대의 장엄한

아시르주의 역사 마을 리잘 알마

풍경을 내려다볼 수 있다. 리잘 알마는 봄부터 한여름까지 이어지는 시원한 날씨 속에서 수백 종의 희귀 식물이 만들어내는 특별한 생태계를 자랑한다.

구름 속에 숨은 도시 알 바하는 습도가 높은 편이지만 그 대신 울창한 숲과 초록빛 산봉우리의 절경을 선물한다. 해발 800m에 있는 이 도시에는 현대적인 럭셔리 숙소들과 현지 사막 요리를 즐길 수 있는 고급 레스토랑들이 있어 편안한 여행이 가능하다.

예멘과 접경한 나지란은 4,000년의 깊은 역사를 간직한 도시다. 로마인들이 점령했던 이곳은 남부 아라비아 최초로 기독교인들이 정착한 곳으로도 유명하다. 나지란 계곡 댐, 로마 성, 안 궁전과 에마라 궁전 등이 꼭 들러볼 만한 명소들이다.

【 중북부 지역 】

자우프, 하일, 카심 지역을 아우르는 중북부의 중심 도시 하일에는 볼거리가 풍성하다. 특히 1,000년 이상의 세월을 견뎌온 7개의 거대한 사암 봉우리 세븐 시스터스는 사우디에서 가장 아름다운 자연 명소 중 하나로 꼽힌다. 하일의 매력은 여기서 끝나지 않는다. 북쪽의 샴메르산과 남쪽의 살마산에 오르면 끝없이 펼쳐지는 장엄한 풍경이 발아래 펼쳐진다. 도시 곳곳에는 수천 년 전 고대 문화를 보여주는 암각화들이 남아 있어 과거로 떠나는 듯한 특별한 경험을 할 수 있다.

【 중부 지역 】

사우디의 심장부인 리야드는 감탄을 자아내는 현대 건축물, 역동적인 금융가, 세계 각국의 맛이 어우러진 음식 문화로 세계인의 주목을 받고 있다. 160개가 넘는 상점과 레스토랑이 늘어선 쇼핑의 천국 리야드 불바르, 도시의 스카이라인을 장식하는 웅장한 킹덤 타워가 현대적인 면모를 대표한다. 세계 각지의 야생동물들이 자유롭게 뛰노는 리야드 사파리도 도시의 자랑거리다.

리야드에서 조금만 벗어나면 '세상의 끝'이라 불리는 경이로운 절경을 감상할 수 있다. 끝없이 펼쳐진 사막을 내려다볼 수 있는 이 장엄한 지형은 하이커와 모험가의 성지로 통한다. 독특한 바위 지형과 광활한 사막을 품은 무사이키라 하이킹 트레일도 놓칠 수 없는 명소다. 오스만 제국 시대의 숨결이 살아

사우디아라비아의 수도 리야드 전경

있는 산길인 다르브 알-만주르에서는 과거로의 시간 여행도 즐길 수 있다.

**【동부 지역】**

동부 지역은 말 그대로 숨은 보석 같은 곳이다. 국내에서 가장 큰 지역으로 곳곳에 문화 유적지와 멋진 풍경이 가득하다. 그중에서도 눈에 띄는 명소는 다흐란의 이트라다. 이곳은 지역 작가들부터 해외 예술가들까지 다양한 축제, 워크숍, 전시회, 공연을 열어 문화의 중심지 역할을 톡톡히 하고 있다. 현대 미술과 동시대 미술 갤러리가 즐비하고, 20만 권이 넘는 책을 보유한 도서관과 영화관까지 갖춰 볼거리가 풍성하다. 도서관에서는 동부 지역의 역사를 더 깊이 들여다볼 수 있고, 아랍어, 영어, 프랑스어 등 다양한 언어의 자료도 쉽게 찾아볼 수 있다.

주베일의 파나티어 해변은 또 다른 필수 방문지다. 수정처럼 맑은 바다와 부드러운 하얀 모래, 장관을 이루는 석양으로 유명하다. 다이빙과 패들보딩 같은 액티비티도 다양해 지루할 틈이 없다. 특히 봄에는 세계적으로 유명한 장수거북의 이동을 직접 목격할 수 있어 더욱 특별하다.

이 지역을 여행한다면 매력적인 알 호푸프 도시를 놓치면

안 된다. 역사적인 동굴과 폭포, 신기한 바위 지형으로 가득한 이 도시는 여행객들에게 잊지 못할 추억을 선사한다.

## 이동 방법

**【 도로와 교통 】**

사우디아라비아는 자동차 중심의 나라로 도로는 국가의 자랑스러운 자산 중 하나다. 도시의 주요 도로는 대부분 8차선 이상으로 구성되어 있고, 잘 정비된 고속도로는 광활한 영토의 구석구석을 빈틈없이 연결하고 있다.

불과 얼마 전만 해도 기름이 물보다 싼 시절이 있었다. 휘발유 가격은 여전히 저렴하지만, 지금은 물값을 넘어섰다. 도시 교통은 성수기에 심하게 정체되는 편이다. 아시아의 다른 대도시만큼 심각하지는 않아도 리야드는 특히 출퇴근 시간대에 교통 체증이 심해지고 있다. 사우디아라비아에서 운전할 때는 무모한 운전자와 도로 사고에 각별히 주의해야 한다. 인구 밀도가 낮은 편임에도 불구하고 도로 교통사고 통계는 꽤 높은 편이다. 하지 기간에는 메카와 메디나 주변의 교통 정체가 매우 흔하게 발생하며 대중교통은 대부분 승객으로 가득 찬다. 주요 도시 밖 도로 상태는 천차만별이니 주의가 필요하다. 갑자기 나타나는 포트홀이나 도로를 온통 모래로 뒤덮는 모래 폭풍을 특히 조심해야 한다.

【택시】

요즘 사우디아라비아 주요 도시에서는 국제적으로 유명한 택시 앱들이 인기다. 우버, 카림, 볼트가 그중에서도 가장 많이 쓰인다. 리야드 같은 번화한 도시에서조차 거리에서 택시를 잡기가 쉽지 않아 이런 앱들을 미리 설치해두는 것이 좋다. 우버는 다소 비싸긴 하지만 검증된 사우디 운전자들만 고용하기 때문에 가장 안전하다. 반면 다른 앱들은 사우디인과 비사우디인 운전자가 섞여 있고 신원 확인 과정도 제각각이다.

## 대중교통

【버스】

사우디아라비아의 대부분의 도시에는 이제 다양한 공공 버스

노선이 운영된다. 사우디 대중교통공사(SAPTCO)가 운영하는 리야드 버스는 도시 대부분 지역을 대상으로 서비스를 제공하며 국내 전역에 4,500대 이상의 버스를 운행하고 있다.

**【메트로】**

리야드 메트로는 2024년 12월 개통되었다. 6개 노선에 걸쳐 85개 역을 운영하고 있으며, 총 길이가 160km가 넘어 중동 지역에서 가장 큰 메트로 시스템 중 하나가 되었다. 제다에도 메트로 공사가 한창이다. 2025년 완공을 목표로 하고 있으며, 4개 노선에 86개 역을 운영할 계획이다.

**【기차】**

사우디아라비아의 여러 도시는 철도로 연결되어 있다. 메디나, 제다, 메카를 잇는 하라마인 고속철도는 2시간 30분이면 전 구간을 달린다. 리야드와 제다를 연결하는 북남 철도는 6시간 동안 이어진다.

비전 2030의 미래형 프로젝트 중 눈에 띄는 것은 버진 하이퍼루프다. 초고속 저압 터널은 시간당 1,000km가 넘는 속도로 승객을 운송할 계획이다. 이 혁신적인 교통수단이 완성되

메카와 메디나 지역의 승객을 실은 하라마인 고속철도

면 제다에서 메카까지는 고작 5분, 리야드에서 제다까지는 46분 만에 도착할 수 있다. 현재 이 구간은 비행기로도 2시간 가까이 걸리는 만큼 하이퍼루프의 속도는 가히 혁명적이라고 할 수 있다.

【항공】

사우디아라비아를 여행할 수 있는 가장 쉬운 방법은 단연 비행기다. 사우디아라비아항공(사우디아), 플라이나스, 플라이아딜 등이 주요 도시와 작은 도시들을 잇는 저렴한 항공편을 매일 운항하고 있다. 조금 더 접근성이 떨어지는 외딴 장소를 방문할 계획이라면 가장 가까운 공항에 도착해 차를 빌리는 것이 최선이다. 걸프 지역, 중동 그리고 더 먼 지역으로의 여행을 위해서는 사우디아, 에미레이트, 에어아라비아, 플라이나스 등이 매일 국제선 노선을 운영하고 있다.

## 숙박 시설

**【단기 숙박】**

리야드, 제다, 알코바르-담맘 같은 대도시에는 수많은 세계적인 5성급 호텔 체인점이 줄 지어 있다. 부킹닷컴, 호텔스닷컴, 익스피디아닷컴 같은 국제 웹사이트와 앱도 현지에서 매우 대중적이며 에어비앤비 역시 사우디아라비아에서 빠르게 성장하고 있다. 알주프 같은 외진 지역에도 좋은 숙소가 아주 많은데 이런 숙소들은 온라인으로 찾아보거나 여행사를 통해 예약하면 된다.

**【장기 숙박】**

서양 외국인은 대부분 컴파운드에 머물지만 도시에 더 가까이 머물고 싶은 사람들은 빌라나 아파트를 쉽게 빌릴 수 있다. 컴파운드는 정말 기본적인 수준부터 초고급 수준까지 천차만별이다. 일반적으로는 카나리제도의 안달루시아 스타일의 실버타운 같은 모습을 가지고 있다. 컴파운드 대부분은 수영장, 헬스장 같은 편의시설을 갖추었고, 조경부터 시설 유지보수까지 도와주는 직원들도 상주한다.

임대료는 외부 지역보다 몇 배나 비싸지만, 대부분의 서양 외국인의 경우 고용주가 주거비를 부담하기 때문에 크게 신경 쓰지 않는다. 도시 생활은 안전하므로 혼자 조용히 지내는 편을 선호하는 사람에게는 아파트도 훌륭한 선택이 될 수 있다.

컴파운드 정보는 rightcompound.com에서, 아파트는 ksa.aqarmap.com/en이나 아카맵 앱에서 쉽게 찾아볼 수 있다.

## 건강

당연한 이야기겠지만 사우디아라비아의 날씨는 무척 덥다. 해안가는 덥고 습하고, 내륙은 덥고 건조하다. 탈수를 막으려면 생수를 듬뿍 마셔야 하며, 한낮 태양 아래 오래 머물러서는 안 된다. 특히 밝은 피부를 가졌다면 단 몇 분 만에 심각한 일광 화상을 입을 수 있다. 음식은 대체로 안전하지만 가끔 설사를 겪을 수 있으므로 활성탄 정제와 수분 보충제를 미리 준비해두는 것이 좋다. 그리고 모래폭풍이 점막을 건조하게 만들어 호흡기 질환을 유발할 수 있다.

콘택트렌즈를 착용한다면 모래와 고온으로 눈이 금세 건조해지기 때문에 여분의 안경을 챙기는 것이 좋다. 게다가 콘택트렌즈를 끼고 있을 때 모래가 눈에 들어가면 매우 아프거나 최소한 자극적일 수 있다. 그래서 일부 외국인들은 사우디아라비아에서 일할 때는 콘택트렌즈보다는 안경을 착용하는 것이 더 편안하다고 입을 모은다.

외국인 근로자가 취업 허가를 받으려면 법적으로 여러 가지 의료 검사를 받아야 한다. 필요한 검사 목록은 출신 국가에 따라 다르지만, 주로 HIV, B형 및 C형 간염, 결핵, 임신 검사, 흉부 X-레이 및 기타 검사 등이 포함된다. 세계보건기구(WHO)는 디프테리아, 홍역, 볼거리, 풍진, 소아마비, B형 간염에 대한 백신 접종을 권장하지만 필수는 아니다.

이제 막 새로 지어진 병원들의 의료 수준은 상당히 훌륭하다. 병원에서 근무하는 사우디 의사들은 대부분 해외 출신이

거나 해외에서 교육받았다. 간호사들은 대부분 필리핀 출신으로, 전문성이 높고 일 처리가 매우 빠르다. 근무 중이라면 건강보험에 포함된 승인 병원 목록을 받게 되는데 동료들에게 어느 병원이 좋은지 물어보는 것을 추천한다.

주요 도시 밖에서는 의료 서비스를 찾기 어려울 수 있으니 여행할 때는 차에 기본적인 의료 키트를 갖추는 것이 좋다.

## 치안

사우디아라비아는 오래전부터 세계적으로 가장 낮은 범죄율을 기록해왔다. 갤럽이 발표한 법질서 지수에 따르면 사우디는 세계 10대 안전 국가에 속했으며, UN 환경 인간안보 연구소는 사우디를 세계 3대 안전 국가로 꼽았다. 실제로 여성이 혼자 이 나라로 이주하더라도 혼자서 생활하는 데 전혀 문제가 없을 정도다.

폭력 범죄는 물론 절도나 강도 같은 재산 범죄도 거의 찾아보기 힘들다. 심지어 공공장소에 자신의 물건을 놓고 가도 아무도 가져가지 않을 것이라는 믿음이 강하다. 다만 마약 관련 범죄에 대해서는 특히 엄격하다. 마약을 소지하거나 밀매하다 적발되면 극도로 엄중한 처벌을 받게 된다.

오늘날에는 전 세계 다른 지역과 마찬가지로 해킹, 신분 도용, 사기와 같은 사이버 범죄를 더욱 주의해야 한다. 또한 하지와 우므라 기간을 포함해 축제나 행사장 같은 혼잡한 곳에서는 소매치기나 날치기를 조심해야 한다. 마지막으로 압하, 지잔, 나지란, 카미스 무샤이트 등 사우디-예멘 국경에서 80km 이내에 있는 지역을 방문할 계획이라면, 반드시 여행 주의보를 확인해야 한다.

# 08

# 비즈니스 현황

사우디에서 일을 할 때는 몇 가지 문화적 차이를 알아둘 필요가 있다. 의사소통 방식은 물론 사고 방식과 문제 해결 방식이 다르고, 위험을 바라보는 태도나 위계질서, 갈등 해결 방식도 다르다. 또한 사우디만의 독특한 생활 리듬도 이해해야 한다. 성수기와 비수기가 다르고 소비 패턴도 다르다.

과거에는 사우디아라비아에서 사업하기가 매우 까다로웠지만 지금은 상황이 완전히 달라졌다. 이제는 사우디에서 일하고, 살면서 사업을 하도록 권하는 다양한 혜택이 마련되어 있다. 비전 2030 덕분에 엄청난 투자 기회와 새로운 사업 가능성이 생겨났고, 정부와 기가 프로젝트, 민간 부문과의 협력 기회도 많이 늘어났다. 새로운 사업체를 등록하는 절차도 훨씬 간소화되었으며 이 과정을 도와주는 수많은 기업과 정부 기관이 있다.

사우디에서 일을 할 때는 몇 가지 문화적 차이를 알아둘 필요가 있다. 의사소통 방식은 물론 사고방식과 문제 해결 방식이 다르고, 위험을 바라보는 태도나 위계질서, 갈등 해결 방식도 다르다. 또한 사우디만의 독특한 생활 리듬도 이해해야 한다. 성수기와 비수기가 다르고 소비 패턴도 다르다. 예를 들어, 한 카페 운영자는 "영국에서는 오전 10시가 카페 피크 타임이지만, 사우디에서는 저녁 9시가 가장 붐빈다"라고 말했다.

## 사우디 타임

불과 얼마 전까지만 해도 사우디아라비아에서 사업하는 사람들은 일 처리가 너무 더디다며 불만을 토로하곤 했다. 하지만 요즘은 조직의 성격에 따라 시간관념이 제각각이라고 보는 게 더 맞을 것 같다. 가령 대학이나 정부 기관의 업무 처리 속도는 민간 기업과는 하늘과 땅 차이다. 실무자들이 아무리 서두르려 해도 조직의 규모가 클수록 일이 자주 지연될 수밖에 없는데, 이는 사우디 비즈니스 문화에서 여전히 강하게 작용하는 위계질서 때문이다. 보통 실무자들은 결정권이 없어서 윗선의 승인을 기다려야 하고 이 때문에 시간이 지체될 수밖에 없다.

외국인이라면 눈에 잘 보이지 않는 의사결정 과정의 복잡한 역학관계를 이해하기란 쉽지 않다. 복잡한 의사결정 과정 때문에 순조롭게 진행되던 일이 갑자기 멈춰버리기도 하는데, 급한 일이라면 필요한 만큼 여러 번 확인하고 독촉하는 게 최선이다. 다만 이때 예의 바른 태도만큼은 반드시 유지해야 한다. 사우디 사회에서는 체면이 무척 중요하기 때문에 특히 다른 사람들 앞에서 누군가를 곤란하게 만들면 절대 안 된다. 경험 많은 외국인들은 너무 강하게 밀어붙이면 오히려 일이 전혀 진척되지 않는다는 걸 깨달았다. 사우디 사람들은 직장에서 감정적인 모습을 좋아하지 않기 때문에 아무리 급한 일이라도 늘 부드럽고 외교적으로 접근하는 것이 좋다.

## 조직 문화

사우디 기업들은 매우 수직적인 조직 문화를 가지고 있다. 앞서 언급했듯이 모든 결정 사항과 승인이 전체 결재 라인을 한 번 거쳐야 하므로 의사결정에 시간이 꽤 걸린다. 대표이사의 서명 하나만 있으면 될 일이 몇 주씩 멈춰 있는 경우도 흔하다. 반면 오랫동안 꽉 막혀 있던 일이 어느 순간 갑자기 물살을 타듯 술술 풀리기도 한다.

사우디 기업에서는 실무진과 의사결정권자 사이의 간극이 무척 크다. 유명한 문화 연구가 헤이르트 호프스테더는 이런 현상을 '권력 거리'라고 부른다. 사우디아라비아의 조직 문화는 이 권력 거리가 특히 큰 편인데, 쉽게 말해 일반 직원들과 경영진 사이의 벽이 높다는 뜻이다. 여기에 더해 복잡한 결재 단계와 명령 체계가 존재한다. 다만 이런 구조 속에서도 요령이 있다. 적임자에게 급한 일임을 알리되 예의 바르게 접근하면 결정이 한결 빨라질 수 있다.

## 와스타

와스타(Wasta)는 아랍어로 '인맥' 또는 '영향력'을 의미한다. 어느 사회나 정도의 차이는 있지만 이런 현상이 존재하는데, 이는 어쩌면 인간의 본성이라고도 할 수 있다. 사우디 사회에서는 특히 적절한 인맥을 쌓고 좋은 관계를 유지하는 것이 매우 중요했다. 일례로 과거에는 이 나라의 특징이었던 복잡한 관료주의로 인해 서류가 처리되지 않을 때면 담당 부서에 있는 지인에게 하는 연락 한 통으로 그날 바로 일이 해결되곤 했다.

예전에는 와스타라는 말을 스스럼없이 사용했고, 어려운 일이 있으면 자연스럽게 누군가의 '와스타'를 빌려달라고 부탁하기도 했다. 반면 지금은, 여전히 개인적인 인맥이 중요하긴 하지만 과거에 비해 와스타라는 표현을 꺼내기가 조심스러워졌다. 사우디가 현대화되면서 친인척 채용이나 정실 인사, 부패 문제가 크게 줄었고, 이런 관행과 깊이 연관된 와스타 문화도 더 이상 좋은 시선으로 보지 않는다.

와스타 문화가 사라지고 있음을 가장 잘 보여주는 것이 바로 채용 과정이다. 요즘은 고위직에 있는 사우디 사람들도 와스타를 통해 지원한 후보자의 채용을 꺼리는 경우가 많아졌다. 많은 기업이 아는 사람이나 지인의 소개를 받은 사람만 뽑던 낡은 관행에서 벗어나고 있다.

물론 추천서가 도움이 될 순 있지만 이제는 모든 지원자가 꼼꼼한 심사를 거쳐야 하고 인맥보다는 실제 능력으로 평가받는다. 한 사우디 전문가의 말처럼 비전 2030을 통해 오랫동안 이어져온 와스타 시스템이 실력 위주의 시스템으로 많이 대체되었다. 특히 젊은 사우디 세대들은 긍정적인 효과를 직접 체감하면서 이러한 변화를 적극 지지한다.

## 인사와 예절

사우디 사람들은 윗사람을 극진히 모신다. 예를 들어, 직원들은 사장이 들어오면 자리에서 일어나는 것이 관례인데 외국인도 이런 예의범절을 따르는 것이 바람직하다. 다행히 사우디 사람들은 새로 온 외국인에게 너그러운 편이다. 서양인들이 현지 문화를 잘 모를 수 있다는 것을 충분히 이해해서 실수를 해도 대부분 넓은 마음으로 이해한다. 흥미롭게도 일부 사우디 사람들은 서구식 비즈니스 문화의 자유로운 분위기를 오히려 긍정적으로 보며, 가끔은 격식 없이 편하게 대화하는 것을 즐기기도 한다.

사우디 사람들과 대화할 때는 직함을 꼭 붙여서 부르는 것이 예의다. 박사 학위가 있는 사람은 반드시 '닥터'라는 직함으로 불러야 하고, 그 외에는 이름 앞에 미스터를 붙여 부른다. '미스터 무함마드(Mr. Mohammed)'나 '닥터 사이드(Dr. Said)' 같은 식이다.

서구와는 다른 독특한 호칭들도 있으니 잘 알아두면 좋다. 가령 'Eng.'는 엔지니어라는 뜻인데, 마치 '미스터'나 '닥터'처럼 이름 앞에 반드시 붙여서 불러야 한다(예: 엔지니어 칼리드). 정부 고위 관료나 대사를 가리키는 'H.E.(His/Her Excellency)'라는 호칭도 있는데, 이 역시 꼭 이름 앞에 붙여야 한다. 왕족 구성원들의 이름 앞에는 'H.H.(His/Her Highness)'를 붙이는데 이들과 직접 대화할 때는 각각 '각하(Your Excellency)'와 '전하(Your Highness)'라고 호칭해야 한다. 그리고 특별하게 사우디아라비아 국왕은 독특한 종교적 직함인 '두 성지의 수호자(The Custodian of the Two Holy Mosques)'로 불린다.

사우디에서는 만날 때와 헤어질 때 모두 악수를 하는 것이 예의지만 남녀 간에는 악수를 하지 않는다. 업무 관계 초반에는 매우 격식을 차리는 편이나 점차 친해지면서 좀 더 친근한 호칭을 쓰기도 한다. 예를 들어 아흐메드라는 아들이 있는 남성 동료를 '아부 아흐메드(아흐메드의 아버지)'라고 부르는 식이다. 요즘은 사우디에서 일하는 여성들도 남성 직원들과 똑같이 존중받는 분위기다.

예의는 서로가 지켜야 한다는 점도 중요하다. 현지 문화를 최대한 존중하되 그렇다고 부당한 대우까지 참을 필요는 없다. 특히 고용주나 집주인을 대할 때는, 때로는 정중하지만 단호한 태도를 보이는 것이 오히려 정당한 대우를 받는 데 도움이 될 수 있다. 물론 감정적으로 대응하는 것만큼은 피해야 한다.

## **비즈니스** 에티켓

**【차와 커피】**

중동에서 비즈니스를 할 때는 진한 커피 한 잔의 가치를 절대 가볍게 봐서는 안 된다. 이곳에서는 곧바로 본론으로 들어가는 것을 실례로 여긴다. 사우디 사람들은 여유로운 대화를 중시하기 때문에, 외국인들이 보기에 '진짜 비즈니스' 이야기가

시작되기 전까지는 한참 동안 일상적인 대화를 나눈다. 사우디 사람들에게는 이런 사전 대화도 비즈니스의 핵심 과정이니 조급해하지 않는 게 좋다.

미팅 중에 전화를 받거나, 다른 손님을 맞이하거나, 급한 업무를 처리하는 것은 지극히 평범한 일이다. 시간이 지나치게 지체되지만 않는다면 사우디 상사나 비즈니스 파트너가 이끄는 흐름을 자연스럽게 따라가는 것이 좋다.

중요한 회의나 외국인과의 협상이 있는 경우에도 그 전후로 사장실에서 차를 마시며 편하게 대화를 나누는 시간이 꼭 있기 마련이다. 이런 모습에서 사우디 사회의 독특한 민주성이 엿보이는데, 이는 부족 사회의 전통과 이슬람 지도자들이 백성들의 고충을 들어야 한다는 의무가 현재까지 이어지는 것이라고 볼 수 있다.

비즈니스 관계를 돈독히 하는 또 다른 중요한 매개체는 작가 그레이엄 그린이 '차를 통한 시련'이라고 부른 것이다. 사무실에 있다 보면 거의 쉴 새 없이 차가 나온다. 설탕을 두 덩이 이상 넣은 홍차를 연거푸 마시게 되는데, 때로는 민트 잎을 곁들이기도 한다. 해가 저물어 저녁 기도를 마치고 나면 진한 터키식 커피를 차 대신 즐긴다.

**【 비즈니스 복장 】**

사우디 남성의 경우, 토브와 샌들 착용 차림을 정장으로 간주한다. 하지만 요즘은 많은 직장인들이 양말을 신고 구두를 신기도 한다. 평소 청바지에 셔츠를 입고 다니는 사람들도 중요한 미팅이 있을 때는 꼭 토브를 입는다. 특히 고위직에 있는 사람들은 늘 깔끔하게 다림질된 토브를 입고, 일반적인 빨강-흰색 체크무늬 쉬마그 대신 순백색의 구트라나 케피예를 쓴다.

서양인 남성은 정장과 넥타이를 기본으로 하되 적어도 긴팔 와이셔츠에 넥타이, 정장 바지, 구두 정도는 갖춰 입어야 한다. 외국인 여성의 경우 비즈니스 정장 위에 아바야를 걸치면 된다. 요즘은 앞을 열어 아바야를 입어도 되고 법적으로 강제하지도 않지만, 특히 격식을 갖춰야 하는 자리에서는 예의 차원에서 입는 것이 좋다.

아바야를 입지 않는다면 현지 문화에 맞는 옷차림을 특히 신경 써야 한다. 소매는 최소 팔꿈치까지 오는 옷을 입어야 하고 어깨는 반드시 가려야 한다. 민소매나 목이 너무 파여 어깨가 드러날 수 있는 옷은 피해야 한다. 기본적으로 칼라가 달린 셔츠, 정장 재킷, 정장 바지 같은 일반적인 비즈니스 복장이 무난하다. 다만 몸에 너무 꽉 끼는 옷은 삼가는 것이 좋다.

또한 비치는 옷이나 가슴이 깊이 파인 옷도 피해야 한다. 치마는 반드시 무릎을 덮는 긴 기장이어야 하고, 당연히 배꼽티나 배가 보이는 옷, 속옷이 비치는 옷, 몸에 지나치게 붙는 바지도 피해야 한다. 성별에 상관없이 사우디아라비아의 모든 정부 기관을 방문할 때는 반드시 정해진 복장을 갖춰 입어야 한다. 사우디 남성은 토브를, 외국인 남성은 정장과 넥타이를, 여성은 앞을 채운 아바야를 입어야 한다.

**• 예의의 중요성 •**

한 유럽계 엔지니어링 회사가 사우디 고객사와 수백만 달러 규모의 장기 프로젝트를 진행한 적이 있다. 사우디 팀원 몇 명이 프로젝트 감독을 위해 유럽에서 몇 달간 체류하게 되었고 주간 회의에서 유럽 측 여성 직원이 브리핑을 맡았다. 이 여성은 첫 회의에 가슴이 많이 파인 셔츠와 짧고 딱 붙는 치마 차림으로 나타났다. 사우디 프로젝트 매니저는 상대방 팀장에게 해당 직원이 적절한 복장을 갖추도록 요청해달라고 이야기했다. 그러나 다음 회의에서도 이 여성이 같은 복장으로 등장하자 사우디 팀은 즉시 자리에서 일어나 회의장을 떠났고, 결국 그 여성은 프로젝트에서 손을 떼게 되었다.

【 사교 활동 】

사우디 사람들은 손님 접대를 무척 중요하게 생각한다. 비즈니스 관계에서도 마찬가지여서 중요한 사업 파트너가 방문하면 보통 특급 호텔에서 좋은 식사 자리를 마련한다. 신입 직원이 들어오면 상사가 식사를 대접하는 것도 일반적이다. 우리나라의 회사 송년회처럼 특별한 행사도 있는데 다만 조금 더 격식 있게 진행된다. 직원들과 가족들을 호텔이나 고급 레스토랑으로 초대하거나 케이터링을 준비하는 식이다. 가장 큰 행사는 라마단 기간 중 해 질 녘에 즐기는 호화로운 이프타르 만찬이다.

이런 모임들은 편안하고 즐거운 자리라 참석하면 좋지만 일본처럼 불참하면 큰 문제가 될 정도로 강요하지는 않는다. 단, 참석할 예정이라면 셔츠에 넥타이를 맨 단정한 옷차림으로 참석하는 것이 좋다.

## 회의

사우디 사람들도 요즘은 명함 교환을 매우 자연스럽게 여기며 늘 명함을 챙긴다. 방문객들도 신뢰를 주기 위해서는 명함을 꼭 준비해야 한다. 대부분의 명함은 앞면은 아랍어로, 뒷면은 영어로 되어 있으며 외국인 주재원은 보통 회사에서 이런 양면 명함을 제공받는다. 수천 장을 한 번에 인쇄해야 하니 반드시 인쇄 전에 정보가 정확한지 꼼꼼히 확인해야 한다.

회의는 회사마다 방식이 다르다. 공식 안건을 정해놓고 진행하는 곳도 있고, 조금 더 자유롭게 진행하는 곳도 있다. 특히 사내 회의는 더 편하게 진행되는 편이다. 보통은 테이블 맨 위에 앉은 사우디 고위 임원이 먼저 이야기를 좀 길게 하고 나서 다른 사람들의 의견을 듣는 식으로 진행된다. 이런 회의 흐름을 잘 파악하고 맞춰가는 것이 좋다.

공식 회의는 보통 정시에 시작하고 곧바로 핵심 주제로 들어가는 편이다. 약간의 여유가 있긴 하지만 대체로 시간을 지키는 것이 좋다.

사우디 사람들은 일대일 회의에서 더 경청하는 편이지만, 아이러니하게도 일대일 회의는 흔치 않다. 사우디 노동법상 여성 보호를 위해 남녀 직원 간의 회의는 반드시 문을 열어두거나 투명한 유리 벽이 있는 곳에서 진행해야 한다. 그렇지 않다면 최소 세 명이 참석해야 한다.

## 프레젠테이션

프레젠테이션은 일상적으로 이루어지며, 대개 파워포인트 자료는 필수다. 다행히 대부분의 사우디 사무실은 회의실 장비가 잘 갖춰져 있어서 노트북만 들고 가면 바로 발표를 시작할 수 있다.

단정하고 전문적인 옷차림은 기본이고 신뢰를 주기 위해 발표 중에 자신의 경력이나 전문성을 언급하는 것이 좋다. 발표자나 소속 회사의 평판이 설득력에 큰 영향을 미치며, 앞서 말했듯이 적절한 호칭을 쓰고 예의 바른 태도를 보이는 것이 중요하다. 사우디 사람들은 잘 경청하는 편이지만 흥미진진한 내용이 나오면 참지 못하고 끼어들기도 한다. 가끔 목소리를 높이며 감정적으로 보일 때가 있는데, 이는 화난 게 아니라 그만큼 열정적이라는 뜻이다.

발표는 너무 세세한 내용이 많거나 길어지면 금세 지루해하기 때문에 되도록 짧게 하는 것이 좋다. 슬라이드나 자료에도 꼭 필요한 핵심만 담는 것이 효과적이다. 사우디는 말하기를 중시하는 문화라서 청중과 소통하는 발표가 특히 효과적이다. 이들은 발표를 열심히 듣고 토론이나 질문도 적극적으로 하는

### • 개인적인 요소 •

한 미국인 사업가는 사우디 비즈니스 파트너 앞에서 발표할 때 개인적인 요소를 넣으라는 조언을 받았다. 사우디가 매우 가족 중심적인 사회라는 걸 알았기에, 그는 자신의 가족사진을 넣기로 했다. 문제는 그 가족 휴가 사진에서 10대 딸이 배가 드러나는 짧은 상의를 입고 있었다는 것이다. 이처럼 개인적인 내용을 넣을 때는 사우디의 문화적 규범을 거스르지 않도록 특히 주의해야 한다.

편이어서 이러한 상호작용은 적극적인 참여를 끌어내는 데 큰 도움이 된다.

## 협상

사우디에서는 협상이 단 한 번의 회의로 끝나는 경우가 거의 없다. 대개는 정식 회의를 중심으로 긴 과정이 이어지는데, 중간중간 사무실에서 차와 커피를 마시며 나누는 편안한 대화도 중요한 과정이다. 때로는 제3자가 나서서 양측의 의견을 조

율해주기도 한다.

따라서 이런 과정에 충분한 시간을 할애할 계획을 세우거나 아예 여러 번 방문할 준비를 하는 것이 더 현실적이다.

중요한 회의가 잡혔다면 철저한 준비는 필수다. 상대 회사와 이해관계자들에 대해 미리 상세히 공부해두어야 한다. 회의에는 우리 쪽 의사결정권자와 함께 참석하고, 상대방도 의사결정권자를 데려오도록 요청하는 것이 좋다. 침착함과 유머 감각은 필수지만 지나친 자신감이나 거만한 태도는 상대방의 마음을 멀어지게 만든다. 사우디 사람들은 비즈니스 파트너와 편안한 관계를 맺는 것을 선호한다.

사우디 사람들은 타고난 협상가로 알려져 있다. 그래서 팀과 함께 전략을 세우되 양보할 준비도 해야 한다. 가격 협상의 여지를 두는 것도 중요하다. 많은 기업이 사우디와의 사업 초기에는 손해를 보았지만, 장기적으로는 매우 가치 있는 투자였다고 말한다. 대부분의 사우디 사람은 상생과 장기적인 성장을 추구하기 때문에 시간과 공을 들일 마음가짐이 필요하다.

단일한 팀으로 단합된 모습을 보여주는 것도 중요하다. 상대방 앞에서 팀원끼리 의견이 갈리는 모습을 보이면 약점으로 비칠 수 있으니 조심해야 한다. 회의가 끝나면 내용을 꼼꼼히 정리해서 바로 이메일로 보내는 것이 좋다. 답장이 없더라도 당황하지 말고 전화를 하거나 후속 미팅을 잡으면 된다.

## **계약과** 이행

사우디의 계약서는 의외로 간단하다. 다른 나라처럼 세세한 내용을 적지 않고, 핵심만 간략하게 요약하는 수준이다. 심지어 사우디 측에서 계약서 작성을 부탁할 때도 간단하게 써주길 원한다.

사우디에서는 종이에 쓰인 계약 내용보다 실제 인간관계가 더 중요하다. 약속 이행이 곧 명예라고 여기기 때문이다. 관계 유지를 위한 소통도 매우 중요한데 치열한 논쟁을 벌이는 것보다 오랫동안 연락을 끊는 것이 비즈니스 관계에 더 치명적일 수 있다. 그래서 꾸준히 연락하며 좋은 관계를 이어가는 것이 핵심이다.

외국인 주재원들의 근로계약도 비슷한 양상이다. 물론 급여는 제때 전액 받을 수 있고, 늦게 주는 것도 용납하면 안 된다. 하지만 그 외의 조건들은 새로운 계약서 없이도 얼마든지 다시 협상할 수 있으니 걱정할 필요는 없다. 게다가 사우디 고용주들은 한번 약속한 것은 반드시 지키는 편이다. 오히려 사우디 특유의 '후원자-피후원자' 같은 관계 덕분에, 외국인 직원들은 계약서에 쓰인 것보다 더 좋은 대우를 받는 경우가 많다.

## **분쟁** 해결

문제가 생겼을 때는 설령 누구 잘못인지 뻔히 알더라도 사우디 파트너를 직접 탓하는 것은 금물이다. 대신 제3자나 어쩔 수 없는 상황 탓으로 돌리는 것이 현명하다. 다만 정말 우리 쪽 잘못이라면 진심 어린 사과를 하는 것이 좋다. 사우디 사람들은 이런 진정성을 높이 산다.

심각한 갈등 상황이라도 가능하면 법적 대응은 피하고 사적으로 해결하는 것이 좋다. 이를 위해서는 다양한 방법을 시도해볼 수 있다. 예를 들어 중간에서 조율해줄 만한 사람을 통해 대화하는 것도 좋고, 감정을 솔직하게 표현하는 것도 의외로 효과적이다. 보통 다른 나라에서는 업무와 감정을 분리하는 것이 기본이지만 사우디에서는 오히려 감정적인 호소가 통할 때가 많다. 사우디인은 감정을 매우 중시하기 때문이다. 다만 어떤 경우에도 사우디 파트너의 자존심을 직접적으로 건드리는 것만큼은 절대 피해야 한다.

다행히 한번 분쟁이 해결되고 나면 대부분 관계가 예전처럼 돌아온다. 사우디 사람들은 마치 아무 일도 없었다는 듯이 행동하는 편이다. 상업 법원이나 노동 법원과 같은 법적 절차는 정말 마지막 수단으로만 고려해야 한다.

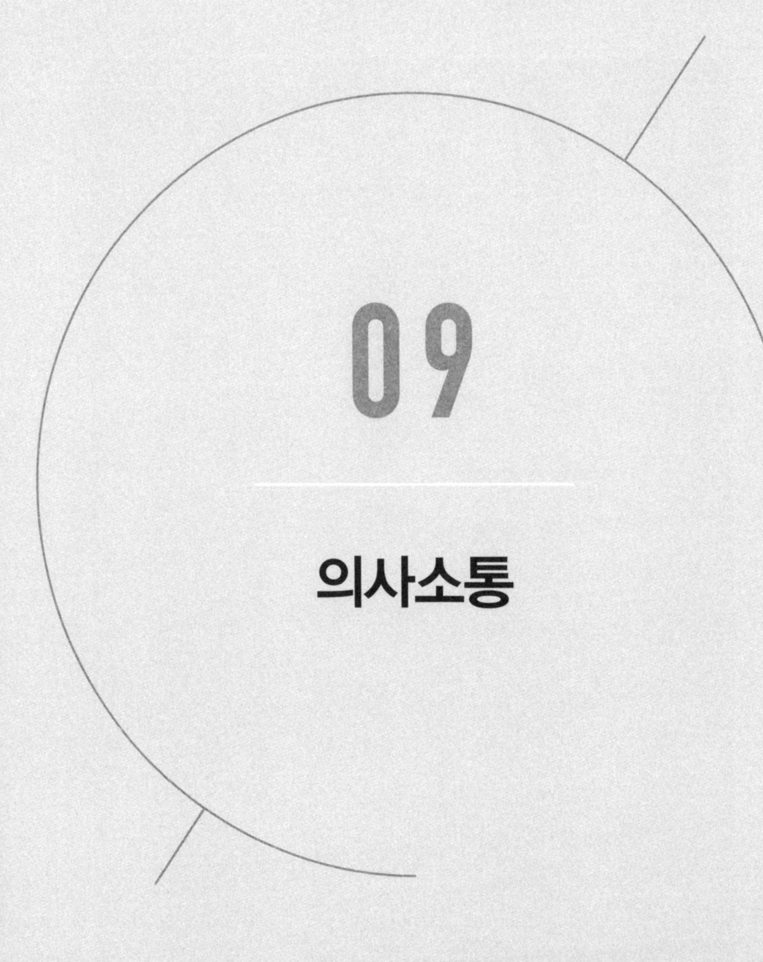

# 09

# 의사소통

아랍어는 아프로-아시아어족의 셈어 계통으로, 전 세계적으로 4억 2,000만 명 이상이 사용하는 중요한 언어다. 이슬람 경전인 쿠란의 언어로 쓰인 고전 아랍어는 현대 표준 아랍어(MSA)의 토대가 되어 현재도 뉴스, 문학, 정치, 교육 등 공식적인 영역에서 사용되고 있다. 다만 일상생활에서는 MSA 대신 지역별로 다른 방언을 쓴다. 사우디아라비아에서는 주로 나지드, 헤자즈, 걸프 아랍어가 쓰인다.

## 언어

아랍어는 아프로-아시아어족의 셈어 계통으로, 전 세계적으로 4억 2,000만 명 이상이 사용하는 중요한 언어다. 이슬람 경전인 쿠란의 언어로 쓰인 고전 아랍어는 현대 표준 아랍어(MSA)의 토대가 되어 현재도 뉴스, 문학, 정치, 교육 등 공식적인 영역에서 사용되고 있다. 다만 일상생활에서는 MSA 대신 지역별로 다른 방언을 쓴다. 사우디아라비아에서는 주로 나지드, 헤자즈, 걸프 아랍어가 쓰인다.

아랍어는 오른쪽에서 왼쪽으로 쓰는 특유의 아름다운 문자 체계가 있다. 알파벳은 28자로 각 글자가 단어의 앞, 중간, 끝 중 어디에 오느냐에 따라 모양이 달라진다. 모음은 단어 위아래에 점이나 선으로 표시하나 일상적인 글쓰기에서는 보통 생략한다. 아랍어가 복잡해 보일 수는 있지만 습득하기 불가능한 수준은 아니다. 문법이 다소 까다롭긴 해도 세 글자로 된 어근 체계 덕분에 단어는 빠르게 익힐 수 있다. 이 어근을 바탕으로 글자를 더하거나 문법 규칙에 맞게 바꾸면 새로운 단어를 쉽게 만들 수 있다.

아랍어를 배우면 현지 생활이 더욱 풍성해지고 여러모로

도움이 되지만, 많은 사우디 사람이 해외 생활이나 유학 경험 덕분에 영어를 잘하기 때문에 일하는 데 필수는 아니다. 글쓰기는 말하기만큼 능숙하지 않더라도 의사소통에는 문제가 없을 정도다. 특히 요즘 젊은이들은 소셜 미디어, 인터넷 콘텐츠, 영화 등의 영향으로 오히려 아랍어보다 영어를 더 편하게 쓰기도 한다. 이들은 오히려 외국인과 영어로 대화하는 것을 즐기는 편이다. 상류층, 특히 나이 든 세대 중에는 프랑스어를 구사하는 이들도 있다.

【 아랍어 학습 】

외국인이 아랍어를 배우려 노력하면 실제 생활에서 도움이 될 뿐만 아니라 현지인들의 마음도 쉽게 열 수 있다. 특히 사우디 사람은 자신들의 문화를 이해하려 노력하는 이들에게 깊은 감사를 표한다. 본격적으로 아랍어에 도전해서 언어의 벽을 넘어서고 싶다면, 다음 사이트를 참조해보자.

- Arabicpod101.com
- Arabius.com
- Italki.com

## 소통 방식

사우디아라비아는 대표적인 고맥락 문화권이다. '고맥락'과 '저맥락'이라는 용어는 문화인류학자 에드워드 홀이 만든 것으로 각 문화권의 의사소통 방식, 관계 형성, 협업 스타일, 시간 활용 등을 크게 두 가지로 구분한 것이다. 이 두 가지 소통 방식의 차이를 이해하면 더 효과적인 의사소통이 가능하다.

고맥락 문화권에서는 주로 간접적으로 말하고, 갈등은 피하려 하며, 조직의 화합을 매우 중시한다. 서양인들은 이런 간접적인 소통 방식을 보고서는 종종 '진실을 회피한다'거나 '뭔가 숨긴다'고 오해하기도 한다. 하지만 오히려 이는 인간관계를 지키고 서로 난처해지는 상황을 피하려는 배려심에서 나온 것이다. 서양 주재원들은 "도대체 저 사람들 속마음을 모르겠다"라거나 "구체적으로 말해주지를 않는다"라며 답답해하곤 한다. 하지만 이는 상황과 맥락을 보고 의미를 파악해야 하는 다소 특별한 소통 방식이라서 이해하는 데 시간이 좀 필요하다. 누군가 문제를 피하거나 에둘러 말하더라도 나쁜 뜻이 있어서가 아니라는 점을 알아야 한다. 이는 이런 문화권에서 인간관계를 중시하는 태도와 깊은 관련이 있다.

보통 고맥락 문화권에서는 문서보다 대면 소통을 선호한다. 사우디에서도 마찬가지다. 무슨 일이든 직접 만나서 이야기하는 것이 가장 효과적이다. 이메일은 상대방의 영어 실력에 따라 오해가 생길 수 있고, 아예 답장받지 못할 때도 많다. 인도, 브라질, 태국, 그리스, 터키, 이란, 한국, 중국, 일본, 베트남 같은 나라들도 모두 고맥락 문화권에 속한다.

반면 미국, 캐나다, 영국, 아일랜드, 호주, 뉴질랜드는 나라마다 차이는 있지만 대체로 저맥락 문화권이다. 이들은 관계보다 업무 자체를 더 중시하는 경향이 있다. 문서 소통을 중요하게 여기고, 메시지도 체계적으로 작성한다. 의사소통도 더 직접적이고 정확하며 핵심을 짚는다. 명확성을 중시하고, 안건, 일정, 시간 엄수, 조직, 계획 등을 매우 중요하게 여긴다.

## **예절과** 보디랭귀지

사우디에서는 남녀 간의 신체 접촉이나 애정 표현을 공개적으로 하는 것을 꺼린다. 결혼한 부부가 손을 잡고 다니는 정도는 괜찮지만, 그 이상은 삼가는 것이 좋다. 특히 처음 겪는 상황에서는 상대방 사우디인의 행동을 먼저 살피고 따라 하는 것이 현명하다. 예를 들어 악수는 상대방이 먼저 손을 내밀면 그때 응하면 된다. 사우디도 점차 현대화되면서 특히 젊은 층을 중심으로 서양식 악수 문화가 늘어나는 추세다. 악수를 하지 않는 사람들은 대개 전통적인 정숙함을 지키기 위해서인데 이때는 가슴에 손을 얹어 마음을 표현한다.

사우디 사람들은 기도용 구슬을 만지작거리거나 자세를 자주 바꾸거나 수시로 휴대폰을 들여다보는 등 다소 침착하지 못한 모습을 보일 수 있다. 그렇다고 대화에 관심이 없다는 뜻은 아니다. 카페인 섭취가 많아서 그런 경우가 많다. 사우디에서 일하는 외국인 교사들은 종종 학생들이 가만히 앉아 있지 못하는 것에 어려움을 겪는데, 이는 어린이부터 성인에 이르기까지 모든 연령대에서 나타나는 특징이다.

사우디 사람들은 외국인을 호기심 어린 눈으로 흘깃거릴 순 있지만 뚫어지게 쳐다보지는 않는다. 그래서 외국인 여성들은 의외로 이곳에서 더 편하게 지낸다고 한다. 여성을 함부로 쳐다보거나 무례하게 행동하지 않는 것은 이슬람의 가르침에서 비롯된 것이다. 쿠란에도 "믿는 남성들에게 시선을 낮추고 정숙함을 지키라고 하라. 그것이 그들을 더 순수하게 할 것이니, 알라께서는 그들이 하는 모든 것을 알고 계시노라"[24:30] 라고 나와 있다. 실제로 모르는 여성을 대할 때는 그냥 모른 척하는 것이 가장 예의 바른 태도다. 반면 남자끼리는 만나면 포옹하고 볼에 키스하는 것이 일반적이다. 여성들도 서로 만나면 볼에 번갈아가며 입을 맞추는데 때로는 무려 7번까지 하기도 한다!

윗사람에 대한 존경심을 표현할 때는 상대가 앉아 있으면서 있거나 의자 끝에 바로 앉는 것이 예의다. 나이가 많은 사람과 함께 있을 때 의자에 기대어 편하게 앉는 것은 매우 실례다. 하지만 친한 사이에서는 편하게 앉아도 되고, 응접실에서 흔히 볼 수 있는 빨간 쿠션에 기대어 쉬어도 무방하다.

함께 있는 사람을 향해 발바닥을 보이는 것은 큰 실수다. 발이 더러운 땅을 밟는다고 여기기 때문이다(같은 맥락에서 누군가를 신발로 때리는 것은 최악의 모욕이다). 다만 이런 규칙은 카페에서 옆 테이블에 앉은 사람처럼 나와 직접적인 관계가 없는 사람들에게는 적용되지 않는다.

공공장소나 직장의 경우, 모르는 여성과 함께 엘리베이터를 기다리는 남성이라면 여성이 먼저 혼자 타도록 하고 자신은 다음 엘리베이터를 이용하는 것이 좋다.

### • 체면의 중요성 •

한 외국인 직원의 실제 경험을 들어보자. 어느 날 출근했더니 팀 주차 구역 안이긴 하지만 주차 금지 구역에 차가 세워져 있었다. 누군가의 실수라고 생각한 그는 차 주인을 몰랐기에 팀 전체 왓츠앱 그룹에 메시지를 보내 차가 잘못 주차되어 있다는 사실을 알렸다. 그는 이것이 벌금을 물을 수도 있으니 친절을 베푸는 방식이라고 생각했다. 그런데 그날 오후, 한 사우디 동료가 갑자기 자신을 피하기 시작했다. 알고 보니 그가 차주였던 것이다. 그는 동료들이 모두 있는 단체 채팅방에 자신의 잘못 주차된 차 사진이 올라간 것에 깊은 수치심을 느꼈고, 이 관계를 복구하는 데는 몇 달이나 걸렸다.

후에 이 외국인이 한 사우디 친구에게 어떻게 해야 했는지 물었다. 친구는 아예 메시지를 보내지 말아야 했다고 조언했다. "그럼 벌금을 내게 두란 말이야?" 라고 그가 놀라서 묻자 친구의 대답은 단호했다. "그래, 그건 그 사람이 알아서 할 일이야. 동료들 앞에서 망신을 주는 게 훨씬 더 큰 문제지."

사우디 친구들과 동료들이 보여주는 노력과 친절에 늘 인내심을 갖고 유연하게 대응하며, 진심 어린 감사를 표현하는 것도 좋은 매너다. 어떤 상황에서든 차분하고 안정된 모습을 보여주도록 노력해야 한다.

무엇보다 중요한 것은 사우디아라비아에 있는 외국인은 손님이라는 사실이다. 사우디인이 외국인의 방식에 맞추길 바라기보다는 외국인이 사우디 문화에 적응해야 한다. 간혹 고집 센 외국인은 "이건 잘못된 방식이야!"라며 흥분해서 항의하곤 하는데, 이는 자기 나라의 방식만 고집하는 꼴이다. 현지의 질서와 문화를 존중하는 것이 결국 자신에게도 도움이 된다는 사실을 기억해야 한다.

## **휴대폰과** 심 카드

대부분의 나라처럼 사우디에서도 유선전화는 이제 사무실에서나 볼 수 있다. 믿을 만한 통신사로는 모빌리, STC, 자인이 가장 인기가 높다. 본국에 자주 전화하고 싶다면 데이터도 넉넉하고 국제전화도 가능한 요금제를 고르는 것이 좋다. 인터넷으로 통화할 수 있는 앱들도 있지만 다 되는 것은 아니다. 예를 들어 왓츠앱 통화는 사우디에서 사용할 수 없다. 대신 페이스북 메신저, 듀오, 텔레그램, 스냅챗, 페이스타임을 쓸 수 있고 가끔 보팀도 된다.

| 긴급 전화번호 |
|---|
| 대도시에서는 모든 긴급상황에 911을 누르면 된다.<br>소도시나 시골 지역에서는 911이나 다음 번호를 이용하면 된다. |
| **구급차: 997** |
| **소방서: 998** |
| **경찰: 999** |
| **교통사고: 993** |

심 카드는 공항부터 일반 매장까지 여러 곳에서 구입할 수 있다. 택시를 부르거나 음식을 주문하는 등 거의 모든 것에 인터넷이 필요하므로 도착 즉시 공항에서 구입하는 것이 좋다. 데이터나 통화 잔액이 떨어지면 통신사 앱을 통해 충전할 수 있다. 심 카드를 구입할 때는 여권과 비자(종류 무관)를 반드시 제시해야 한다.

## 언론

【 신문 】

아랍어 신문 중에서는 사우디의 '알 아라비야', '오카즈', 경제 전문지 '에트케사디아'의 구독률이 가장 높다. 영어 신문은 대부분 온라인으로 읽는데, '아랍 뉴스'와 '사우디 가제트'가 특히 인기가 높다. 사우디의 모든 미디어와 SNS는 언제든 검열 대상이 될 수 있으니 대중에게 공개되는 글이나 게시물을 올릴 때는 특별히 주의해야 한다.

【 TV와 라디오 】

아랍권 최고의 엔터테인먼트 포털은 단연 MBC.net이다. 스포츠, 드라마, 영화, 음악 등 볼거리가 다양하다. 특이하게도 젊은 사우디인 가운데서는 일본 애니메이션이 인기가 많다. 반면 넷플릭스는 그다지 인기가 없다. 서비스는 되지만 정부가 검열할 수 없고 대부분의 프로그램이 사우디 문화와 맞지 않아 현지인들이 잘 보지 않는다.

운전할 때 라디오 듣는 사람이 아직도 많지만 요즘은 특히 젊은 층 사이에서 팟캐스트가 점점 더 인기를 얻고 있다.

## 인터넷과 SNS

사우디는 온라인 강국이다. 사람들은 하루에 평균 7~8시간을 인터넷에 쓰는데, 그중 3시간 정도는 SNS를 하며 보낸다.

2024년 기준 사우디의 인터넷 사용자는 3,630만 명이 넘는다. 거의 전 국민이 인터넷을 사용한다고 보면 된다. 대부분 휴대폰으로 접속하는데, 이는 거의 모든 사우디 사람이 휴대폰을 한 대씩(때로는 두 대씩) 가지고 있기 때문이다. 반면 컴퓨터는 57%만 가지고 있다.

얼마 전까지만 해도 세계적으로 인기 있는 많은 앱을 사우디에서 쓸 수 없었다. 지금은 많이 풀렸지만, 여전히 비도덕적이거나 국가의 가치관과 맞지 않는 내용의 웹사이트는 접속이 차단된다.

2,900만 명의 SNS 이용자들이 주로 쓰는 앱은 인스타그램, 틱톡, 스냅챗, 트위터, 유튜브, 링크드인, 텔레그램, 페이스북 등이다. 그중에서도 왓츠앱이 압도적인 1위를 차지한다. 재미있는 사실은 SNS 사용자의 65%가 남성이라는 점이다.

어떤 플랫폼을 쓰든 현지의 민감한 부분들을 잘 고려해야 한다. 예를 들어, 성적인 암시가 있거나 정치적·종교적으로 문제가 될 만한 내용은 절대 올리면 안 된다. 모든 디지털 플랫폼은 모니터링되기 때문에 부적절한 내용을 올렸다가는 법적 처벌까지 받을 수 있다.

전 세계적인 흐름에 맞춰 온라인 쇼핑도 급성장했다. 사우디에서는 아마존, 눈, 데저트카트가 가장 많이 찾는 온라인 쇼핑몰이다.

## 우편

사우디의 우편 서비스는, 특히 해외 발송은 꽤 믿을 만하다. 다른 나라에서 오는 편지도 대개 일주일이면 도착한다. 다만 한 가지 문제는 정확한 주소가 없다는 점이다. 대부분의 집에는 번지수가 없어서 '모스크 뒤 왼쪽의 세 번째 집' 같은 식으로밖에 설명할 수 없다. 그래서 잘 알려진 주거단지에 살지 않는다면 회사 주소를 쓰는 것이 편하다. 요즘은 DHL, UPS, 페덱스 같은 주요 택배 회사들도 모두 서비스하고 있다.

해외에서 물건을 받을 때는 사우디의 문화적 기준에 맞지 않는 것이 들어 있지 않도록 특히 조심해야 한다. 모든 해외

소포는 검사를 받는데, 부적절한 물건이 발견되면 검열되거나 압수될 수 있다.

## 결론

신비로움을 고수하는 사우디아라비아는 현재 빠르게 변화하고 있다. 한때는 폐쇄적이고 극도로 보수적이었던 나라가 이제는 외부 세계를 향해 문을 열고 있다. 예전에는 이곳에 사는 외국인들이 고국에서처럼 편하고 즐겁게 지내기 어려웠지만, 지금은 방문객이든 주재원이든 훨씬 더 풍성한 삶을 누릴 수 있다.

붉은 바다의 아름다움, 고요한 사막, 전통 건축물, 다채로운 자연경관도 좋지만, 이 나라를 진정 특별하게 만드는 것은 바로 사우디 사람들이다. 그들의 매력과 겸손함, 넉넉한 인심과 따뜻한 마음씨 덕분에 한번 방문한 사람들은 자꾸 돌아오고 싶어 한다. 사우디의 문화와 가치관, 전통을 이해하려 노력할수록 더 따뜻한 환영을 받을 수 있을 것이다.

## [ 소통 및 SNS ]

Airalo에서 eSIM을 구매하면 편리하게 연결을 유지할 수 있고, Arab News로 현지 소식도 쉽게 접할 수 있다. 현지 친구를 만들고 싶다면 Internations Expatriate, Ravl, Meetup, Eventbrite를 활용해보자. 아랍어 공부는 NEMO Arabic, Italki, Arabius, Arabicpod101로 시작하면 좋다.

## [ 여행 및 교통 ]

차량이 필요할 때는 Uber, Careem, Bolt, Ego, Jeeny 중 하나를 골라 호출하면 되고, 길 안내는 Waze가 가장 정확하다. 기차 여행은 Journey Planner나 Map-Transit으로 계획하고, 메카에서는 Makkah Bus 앱으로 버스도 이용할 수 있다. 숙소는 Booking.com이나 Airbnb에서 찾으면 된다.

## [ 음식 및 쇼핑 ]

쇼핑은 Noon, Amazon.sa, Jarir, Tamara에서 할 수 있고, 배달음식이나 장보기 앱으로는 The Chefz, Toyou, Jahez, Nana, Hunger Station, Talabat, InstaShop, Ninja, Mrsool이 있다. 대형 마트 배달은 Carrefour, Lulu, Danube, Tamimi, Clicflyer를 이용하면 되고, 약이나 건강용품은 Nahdi 온라인 약국에서 구매하자. 택배는 Spl Online으로 부치면 되고, 현지에서 결제할 때는 STC pay, Moyasar, Payfort, Paytabs, Hyperpay를 사용하면 된다.

지은이

## 셰릴 오발

미국 펜실베이니아에서 자란 셰릴 오발은 이탈리아 트리에스테대학교에서 국제관계학 석사를 마쳤다. 이후 25년간 세계 곳곳을 누비며 다국적 기업의 강사로 일했다. 일본, 한국, 태국, 인도, 파키스탄을 거쳐 사우디아라비아에서는 무려 8년을 보냈다.

지금은 이탈리아 비첸차에 정착해 사업을 하고 있다. 세계 각국의 기업과 개인을 대상으로 이문화 교육과 컨설팅을 진행하고 있으며, 관련 활동은 cherylobal.com에서 확인할 수 있다.

문화 전문가이자 전문 안무가로도 활동하는 그녀는 취미로 블로그 글쓰기와 독서를 즐기며, 친구들과 어울리기를 좋아한다. 최근에는 유튜브 채널을 통해 해외 생활과 문화 간 소통에 관한 다양한 이야기를 전하고 있다.

옮긴이

## 이주현

한국외국어대학교 통번역대학원에서 번역학 석사 학위를 받았으며, 현재 번역에이전시 엔터스코리아에서 영어 전문 번역가로 활동하고 있다. 주요 역서로는 『오케스트라가 궁금해』, 『반려견 행동교정사의 고민상담 대백과』, 『부는 어디에서 오는가』, 『덜 소유하고 더 사랑하라』, 『뇌 속 코끼리』, 『닥터 메리골드의 처방전』 등이 있다.

# 세계 문화 여행 시리즈

**세계 문화 여행_그리스**(개정판)
콘스타인 부르하이어 지음 | 임소연 옮김 | 260쪽

**세계 문화 여행_네덜란드**
셰릴 버클랜드 지음 | 임소연 옮김 | 226쪽

**세계 문화 여행_노르웨이**
린다 마치, 마고 메이어 지음 | 이윤정 옮김 | 228쪽

**세계 문화 여행_뉴질랜드**(개정판)
수 버틀러, 릴야나 오르톨야-베어드 지음 | 박수철 옮김 | 232쪽

**세계 문화 여행_덴마크**
마크 살몬 지음 | 허보미 옮김 | 206쪽

**세계 문화 여행_독일**
배리 토말린 지음 | 박수철 옮김 | 242쪽

**세계 문화 여행_라오스**
나다 마타스 런퀴스트 지음 | 오정민 옮김 | 236쪽

**세계 문화 여행_러시아**
안나 킹, 그레이스 커디히 지음 | 이현숙 옮김 | 266쪽

**세계 문화 여행_멕시코**(개정판)
러셀 매딕스 지음 | 이정아 옮김 | 266쪽

**세계 문화 여행_모로코**
질리안 요크 지음 | 정혜영 옮김 | 218쪽

**세계 문화 여행_몽골**
앨런 샌더스 지음 | 김수진 옮김 | 268쪽

**세계 문화 여행_미국**
앨런 비치, 지나 티그 지음 | 이수진 옮김 | 276쪽

**세계 문화 여행_베트남**(개정판)
제프리 머레이 지음 | 정용숙 옮김 | 242쪽

**세계 문화 여행_벨기에**
버나뎃 마리아 바르가 지음 | 심태은 옮김 | 242쪽

**세계 문화 여행_불가리아**
줄리아나 츠베트코바 지음 | 금미옥 옮김 | 248쪽

**세계 문화 여행_브리튼**
사라 리치스 지음 | 심태은 옮김 | 260쪽

**세계 문화 여행_스웨덴**
닐 시플리 지음 | 정혜영 옮김 | 250쪽

**세계 문화 여행_스위스**(개정판)
켄들 헌터 지음 | 박수철 옮김 | 238쪽

**세계 문화 여행_스페인**(개정판)
메리언 미니, 벨렌 아과도 비게르 지음 | 김수진 옮김 | 274쪽

**세계 문화 여행_싱가포르**
앤절라 밀리건, 트리시아 부트 지음 | 조유미 옮김 | 210쪽

**세계 문화 여행_아랍에미리트**
제시카 힐, 존 월시 지음 | 조유미 옮김 | 208쪽

**세계 문화 여행_아이슬란드**
토르게이어 프레이르 스베인손 지음 | 권은현 옮김 | 228쪽

**세계의 풍습**과 **문화**가 궁금한 이들을 위한 **필수 안내서**

**세계 문화 여행_에티오피아**
세라 하워드 지음 | 김경애 옮김 | 264쪽

**세계 문화 여행_오스트리아**
피터 기에러 지음 | 임소연 옮김 | 232쪽

**세계 문화 여행_이스라엘**(개정판)
제프리 게리, 메리언 르보 지음 | 이정아 옮김 | 248쪽

**세계 문화 여행_이집트**
이사벨라 모리스 지음 | 김익성 옮김 | 296쪽

**세계 문화 여행_이탈리아**(개정판)
배리 토말린 지음 | 임소연 옮김 | 272쪽

**세계 문화 여행_인도**
베키 스티븐 지음 | 김보미 옮김 | 278쪽

**세계 문화 여행_일본**(개정판)
폴 노버리 지음 | 윤영 옮김 | 230쪽

**세계 문화 여행_중국**(개정판)
케이시 플라워 외 지음 | 임소연 외 옮김 | 266쪽

**세계 문화 여행_체코**
케반 보글러 지음 | 심태은 옮김 | 258쪽

**세계 문화 여행_캐나다**
다이앤 르미유, 줄리아나 츠베트코바 지음 | 심태은 옮김 | 252쪽

**세계 문화 여행_쿠바**
맨디 맥도날드, 러셀 매딕스 지음 | 임소연 옮김 | 254쪽

**세계 문화 여행_태국**
J. 로더레이 지음 | 김문주 옮김 | 254쪽

**세계 문화 여행_튀르키예**
샬럿 맥퍼슨 지음 | 박수철 옮김 | 268쪽

**세계 문화 여행_포르투갈**(개정판)
샌디 핀토 바스토 지음 | 이정아 옮김 | 240쪽

**세계 문화 여행_폴란드**
그레고리 알렌, 막달레나 립스카 지음 | 이민철 옮김 | 240쪽

**세계 문화 여행_프랑스**
배리 토말린 지음 | 김경애 옮김 | 252쪽

**세계 문화 여행_핀란드**
테르투 레니, 엘레나 배럿 지음 | 권은현 옮김 | 236쪽

**세계 문화 여행_필리핀**
그레이엄 콜린 존스 외 지음 | 한성희 옮김 | 244쪽

**세계 문화 여행_헝가리**(개정판)
브라이언 맥린, 케스터 에디 지음 | 박수철 옮김 | 260쪽

**세계 문화 여행_홍콩**
클레어 비커스, 비키 챈 지음 | 윤영 옮김 | 232쪽